JN206114

料理は知識が9割

知識は料理を自由にする

本書『料理は知識が9割』が目指すのは、料理をもっと自由に、そして楽しいものにすること。おいしいものを作り上げる「知識」を得ることで、料理は、単なる作業から創造に変わり、自己表現の場となります。

わたしたちシェフクリエイトのこだわりは「なぜおいしいのか」「どう作れば理想に近づくのか」といったロジカルな視点で料理を探究すること。プロの料理人を目指す方、家庭料理をアップデートしたい方、いろいろな方の「ロジカルな料理の力」を高める料理教室を運営しています。

皆さんはたとえば、料理のおいしさには、じつは「方程式」があるのをご存じでしょうか？　本書の45ページで紹介している「旨さの方程式」は、料理をおいしくするための条件を体系化したフレームワークです。おいしい料理の条件を5つの要素に分解することで「なぜこの味がいまいちなのか」「どうすればもっとおいしくなるのか」を考えやすくしています。

そのほかにも「逆算の3ステップメソッド」「味の相互作用」など、みなさんの料理観を変える、あるいは、経験的な知識を再整理するのに役立つ、たくさんの思考のツールを本書でご紹介します。

次のページから、本書の内容の一部をクイズ形式でご紹介します。お忙しい方も、この12問のクイズをぜひお試しください。

QUESTIONNAIRE

01

Le pouvoir de verbaliser

おいしい料理を作るため、素敵なレシピを考えるためにとくに必要なスキルは次のどれ？

1. 長期間の修業を通じて習得する技術力
2. 食のトレンドを敏感にキャッチする力
3. 印象に残った料理を説明する言語力

自分が体験した味を記憶し、言語化する力は非常に重要。目指す味を明確にイメージできなければ、いかなる調理技術があろうとも、おいしい料理を作ることはできません。答え 3 → 詳しくは P. 34 へ

QUESTIONNAIRE

02

Saveur salée/Umami

シェフクリエイトが提唱する「旨さの方程式」。その構成要素のうち、とくに重要な要素は？

1. 甘味と辛味
2. 食感と温度
3. 旨味と塩味

味の特徴や食感も大切ですが、旨さの方程式では、料理の基本的な「おいしさ」を作り出すための中心的な要素であり、旨味と塩味によって決まる「旨さの量」を特に重要視しています。答え 3 → 詳しくは P. 42 へ

QUESTIONNAIRE

03

Ajuster l'umami

料理全体の印象や満足感に大きく影響する「旨味」をしっかり生み出す方法は？

1. 旨味のある食材を用いる
2. 塩分量を調整する
3. 水分を煮詰めて濃度を上げる

十分な旨味をもつ食材を用い、適切な濃度になるまで水分を煮詰めることでしっかりとした旨味をもたせることができます。適切な塩分量を確保することも重要です。答え 123 のすべて → 詳しくは P. 118 へ

QUESTIONNAIRE

04

Juste dosage de sel

どんな料理にも欠かせない塩味。では、汁物の適切な塩分濃度は何%？

1 0.7%
2 0.9%
3 1.2%

食べものの基本的な塩分濃度 0.9 ～ 1.0%。しかし、料理の種類によって適切な塩分濃度は変わります。たとえば、汁物の場合は少し低めの 0.7%が望ましいとされています。答え 1 → 詳しくは P. 140 へ

QUESTIONNAIRE

05

Umami complexe

かつおぶしとの組み合わせで旨味がとくにパワーアップする食材は次のどれ？

1. 昆布
2. 煮干し
3. 鶏肉

「旨味の相乗効果」により、旨味の総量が一気に増えます。昆布（グルタミン酸）とかつお節（イノシン酸）の組み合わせは、和食の基本である「合わせだし」に用いられます。答え 1 → 詳しくは P. 126 へ

QUESTIONNAIRE

06

Un curry au goût profond

カレーのおいしさのベースとなる旨味は何から作られる？

1 たまねぎとトマト
2 ニンニクとスパイス
3 カレールーとガラムマサラ

スパイスの風味はカレーらしさを演出しますが、塩味と旨味はカレーの土台。しっかり熱したたまねぎとトマトにより、グルタミン酸とグアニル酸の旨味を入れることができます。答え 1 → 詳しくは P. 118 へ

QUESTIONNAIRE

07

Substances umami de la viande

肉に含まれる主な旨味成分である「イノシン酸」をもっとも多く含むのは次のどれ？

1 牛肉
2 豚肉
3 鶏肉

肉が含む主な旨味成分はイノシン酸。豚肉は牛肉の約3倍のイノシン酸を含みます。鶏肉は、部位や品種によって含有量に差があり、豚肉と同程度のイノシン酸を含む場合もあります。答え 2 → 詳しくはP. 118へ

QUESTIONNAIRE

08

Le bouillon du ramen

塩分濃度高めのラーメンのスープ。どうして最後まで飲めてしまう？

1. 旨味がとても濃いから
2. 油が入っているから
3. 熱くて塩分を感じにくいから

油によるコーティングや、熱い料理では塩味を感じにくいことも理由ですが、濃い旨味が塩味をまろやかにすることが主な理由です。逆に、旨味が少ないと塩をシャープに感じます。答え 1 → 詳しくは P. 146 へ

QUESTIONNAIRE

09

Réaction de Maillard

香ばしい風味やおいしそうな色を生み出すメイラード反応。アミノ酸と熱と何によって起こる？

1 塩分
2 酸味
3 糖分

メイラード反応は、加熱された糖とアミノ酸が起こす化学反応です。焼き餃子の場合、皮に含まれる小麦粉の糖質と、餡に含まれる肉や野菜のアミノ酸が反応します。答え 3 → 詳しくは P. 78 へ

QUESTIONNAIRE

10

La graisse fond à la cuisson

いろいろな種類の肉。脂が溶け出す温度がもっとも低いのは次のどれ？

1 牛肉
2 豚肉や鶏肉
3 ラム肉

牛肉の脂肪は40～50℃で溶け出し、ラム肉は50℃、豚肉や鶏肉は30℃台後半で溶けます。これが、常温でもおいしく食べられる肉として豚肉や鶏肉が好まれる理由です。答え 2 → 詳しくはP. 96へ

QUESTIONNAIRE

11

L'essence de l'umami

加熱・乾燥させたキノコ類に多く含まれる旨味成分は次のどれ？

1 コハク酸
2 グアニル酸
3 イノシン酸

加熱・乾燥させたキノコ類はグアニル酸を含みます。グアニル酸は、グルタミン酸など他のうま味成分と組み合わさることで相乗効果を発揮し、旨味を飛躍的に増強します。答え 2 → 詳しくは P. 118 へ

QUESTIONNAIRE

12

Réduire une sauce

しっかりと煮込まれたソースやシチューがおいしいのはなぜ？

1. 風味が強まるため
2. 旨味の濃度が高まるため
3. 具材がスープに溶け出すため

加熱による化学反応や食感の変化も重要ですが、水分を煮詰めることで旨味の濃度が高まることが大きく影響しています。水分を煮詰めることはフレンチなど欧米の料理の基本技法です。答え 2 → 詳しくは P. 132 へ

CHAPTER 01

料理は知識が
9割

P. 27

シェフクリエイトでは、単にレシピを教えるのではなく、調理の背後にある理論を深く理解することを重視しています。これにより、自ら味をイメージしながら料理を組み立てる力が身につきます。また、理論的な知識があることで、どんな食材や調理法にも対応可能できます。

プロを目指す人から家庭料理を楽しむ人まで、料理の腕を磨きたいすべての方に知っていただきたい考え方です。

CHAPTER 02

旨さを決める方程式

P. 41

旨さの方程式とは、料理のおいしさを構成する5つの要素を体系化したものです。本章では「旨さの量」「味の特徴」「風味」「食感」「温度」これら5つの要素をひとつずつ概説しつつ、方程式の特徴についても解説します。

本書で学ぶ知識の土台となるフレームワークである「旨さの方程式」を理解することで、料理の課題を見つけやすくなり、確実に改善する力が身につきます。

CHAPTER 03

味の特徴を理解する

P. 55

「味の特徴」とは、料理においてコントロールすべき５つの味（甘味、酸味、苦味、辛味、渋味）のこと。旨さの方程式の２番目の要素です。一般的にいわれる「基本５味」とは異なる、シェフクリエイト独自の概念です。

本章では、これらの味の特徴がどのように料理に影響を与えるのかを解説します。また、５つの味がひきおこす相互作用についても紹介します。

CHAPTER 04

個性を演出する風味の使い方

P. 71

風味がどのようにして料理に「個性」を与えるのかを、具体例を交えながら紹介します。スパイスを油で炒めて香りを引き出すことでカレー特有の風味が生まれる過程、焼き魚やグリルした肉から生まれる香ばしさ、ハーブの爽やかさがどのように料理に清涼感を加えるかなどを解説します。

意外と軽視されやすい「風味」を正しく知ることで、料理の仕上がりは格段にレベルアップします。

CHAPTER 05

おいしさを生み出す食感の工夫

P. 83

食感は、料理を味わう際の物理的な感覚を指し、味や風味と並んで「おいしさ」を構成する重要な要素。本章では、期待される食感がどれほど料理の満足感に影響を与えるかを解説します。

ムースの滑らかさやお餅のモチモチ感など、料理ごとに求められる食感と、その調整方法についても具体例を挙げて詳述します。食感の違いがもたらす心理的効果や、音が味覚に与える影響についても掘り下げています。

CHAPTER
06

完成度を高める温度の法則

P. 95

料理の味や香り、食感は、温度によっても大きく変わります。本章では、冷たい料理が強調する味、温かい料理が引き立てる味を解説します。また、アイスクリームや冷製スープなど冷やすことで風味が際立つ料理と、熱々で提供されることで香りが引き立つスープやシチューなど、料理を適温で提供する重要性について触れます。

温度が料理に与える影響を正しく理解することで、完成度の高い調理が可能になります。

CHAPTER 07

逆算の
3ステップメソッド

P. 107

まず大切なのは、最終的な「仕上がり」のイメージを明確に持つことです。料理を始める前に、その料理が最終的にどのような味や見た目になるべきかを具体的に想像します。ここで十分に解像度の高いイメージを描けるかどうかが、料理の質を大きく左右します。

仕上がりがイメージできたら、旨味をどの段階で作るかを考え、最後に、材料と調理法を選択します。

CHAPTER 08

レベルを一段上げる 旨味の法則

P. 117

本章ではまず、食材のもつ旨味成分の種類と特徴を解説し、続いて、旨味を最大限に活用するための技法を紹介します。

昆布とかつお節を組み合わせた和食のだしや、干し椎茸とトマトの旨味を融合させた料理など、相乗効果により旨味を何倍にも引き出す方法を学び、水分を詰めて旨味を凝縮する技術や、旨味の多い素材の選び方についても解説します。

CHAPTER 09

素材を活かす塩の法則

P. 139

適切な塩分濃度（0.9 ～ 1.0 % 前後）が、素材の旨味を最大化することを解説。また、塩分濃度が料理全体の印象をどのように変えるかや、汁物、煮物、ソースなどのさまざまな料理における塩の使い方を具体例とともに示します。

さらに、塩と旨味を調和させる「味のピーク」の概念についても解説し、味のバランスを取るための知識を深めていきます。

CHAPTER 10

世界一長い
ハンバーグのレシピ

P. 155

本書の最後となる10章では、トマトソースからゼロベースで作る本格的なハンバーグのレシピを紹介。シェフクリエイトで入門的な講座として提供している講座をベースにしています。

肉料理の基本的な技術を再確認しつつ、野菜の火入れや、複雑な味わいのソースを作る濃縮と還元のプロセスも学べます。本書の９章までに解説した内容を復習するための役割も担っています。

CHAPTER 01

料理は知識が9割

CHAPTER 01

1

理論にもとづく知識はなぜ重要なのか

QUESTIONNAIRE

正しい知識から得られるものは？

1. レシピに頼らず料理ができる
2. 少ない調味料で料理ができる
3. 料理の腕を独学で磨ける

料理の基本的な知識を獲得することで、レシピに頼らなくても料理を作れるようになります。また、塩、スパイス、ハーブ、酢などシンプルな材料で味を調整する力が身につきます。さらに、レストランで食べた料理の味を「これ、家でも再現したいな」と感じたとき、どうやってその味ができているかを分析・再現する、独学のスキルも獲得できます。

(答え：123 のすべて)

本書は、料理の断片的な知識を身につけるだけでなく、料理そのものへの深い理解を通じて、根本的な「料理上手」になることを目的としています。

そのため、ただレシピを覚えるだけで終わらず、「なぜこの方法を取るのか」「どうしてこの手順が必要なのか」といった、分量や工程の背後にある理屈や背景をひとつひとつひもといていきます。

これにより、料理のしくみを深く理解し、どんなレシピにも応用できる「応用力」と「自由な発想」を手に入れる基礎を築くことを目指します。レシピの枠を越えて、料理そのものを楽しむ新しい視点を、ぜひ本書をキッカケに手にしていただければと思います。

レシピではなく、知識を学ぶ

たとえばビーフシチューの煮込み時間。シェフクリエイトでは「90分煮込みます」という説明で、講義をすませることはありません。

・肉を柔らかくすることが目的であること
・肉の固さの正体はコラーゲンであること
・加熱によりコラーゲンはゼラチン化すること
・加熱時間は温度との兼ね合いで決まること

シチュー作りのいち工程である「煮込み」を通じてこれだけの知識を伝えるのです。せっかくなので少しくわしく解説してみましょう。

そもそもの目的は肉の柔らかさ

シチューをおいしく食べるためには、含まれる食材を柔らかくすることが必要です。特に、肉は硬いと噛み切れなかったり、消化が悪かったりします。そこで、煮込むことで肉を柔らかくする必要があるのです。

固さの原因はコラーゲン

肉が硬いのは、「コラーゲン」というたんぱく質が原因です。コラーゲンは、肉の繊維同士を結び付けて、形を保つ役割をしています。しかし、コラーゲンはそのままでは硬いため、柔らかくする必要があります。

加熱によるゼラチン化

コラーゲンは、熱を加えることで「ゼラチン」という物質に変化します。ゼラチンは、プルプルとしたゼリー状の物質で、コラーゲンよりもはるかに柔らかいです。この変化によって、肉が柔らかくなるのです。

「温度」と「時間」が重要

コラーゲンをゼラチンに変えるには、適切な「温度」と「時間」が必要です。コラーゲンがゼラチン化するのは80℃以上であり、グツグツと煮立たせない方が望ましいので、煮込みの温度は95℃前後を目安にします。肉の部位にもよりますが、一般的に、95℃前後で煮込む場合は少なくとも90分の加熱が必要です。冒頭の「90分煮込みます」の背景には、これだけの知識が控えていたのです。

こうした基礎的な知識は、シチューに入れる素材が変わっても役に立ちますし、シチュー以外の煮込み料理でも応用できます。広く応用の効く知識を獲得していただきたいというのが、シェフクリエイトの想いです。

知識が料理をおいしくする

顆粒だしやめんつゆなどの既製品の調味料を使う方は多いと思います。確かに、それらの調味料は便利です。手軽に料理の味を整えることができます。しかし同時に、「お店みたいな味にならない」「70点くらいの味だな……」という結果になりがちです。

理由は、既製品の調味料は風味（香り）が乏しいから。

既製品の調味料は、大量生産の過程で、どうしても香りが飛んでしまったり、素材本来の風味が損なわれてしまうため、これを用いた料理も風味の乏しいものになるのです。風味がイマイチな料理はどうしても70点どまりです。

顆粒だしなどの既製品を使わずに、自然の素材から旨味を作るための知識を身につければ、１００点満点の料理を作ることができます。

知識と情報の違い

シェフクリエイトが大切にしている「知識」は、ネットにおちているレシピや、ＳＮＳに流れる断片的なアドバイスなどの「情報」とは異なります。

ここで情報とは、単なるデータや雑多な意見のこと。インターネットでは、誰でも簡単に情報発信ができるため、玉石混交の情報が溢れかえっています。一方、知識とは、情報から意味を読みとり、活用できる力のこと。情報がバラバラの点だとしたら、知識はそれらをつなぎ合わせて線や面にする力と言えます。

料理における知識は、「なぜそのやり方をするとおいしくなるのか」という理論をしっかり理解すること。たとえば、ハンバーグの作り方に関連する正しい知識があれば、ハンバーグのアレンジが自由自在になるものはもちろん、かなり広い範囲の肉料理を、自信をもって作れるようになります。

CHAPTER 01

2

料理の上達に欠かせないこのスキル

QUESTIONNAIRE

料理の上達にとくに大切なスキルは？

1 おいしさを言語化する力
2 厨房での段取り力
3 食のトレンドを察知する力

料理を学ぶうえで欠かせないのが言語化する力です。私たちは料理を食べて「おいしい！」と感じても、なぜおいしいのかを具体的に表現するのは意外と難しいのです。しかし、これができるようになると、料理がとても上手になります。「ちょっと酸味が強すぎるかな」「もう少し塩味が欲しいな」というような感想を単なる感覚で終わらせず、細かい表現で言語化できると、次に作るときの改善点がはっきりして、上達が早くなるのです。（答え：1）

知識は上達のスピードを上げる

私たちの世代の料理人が修業を始めたとき、まずやらされたのはサラダの葉をちぎることでした。1年経っても2年経っても、ひたすらサラダの葉をちぎる、デザートの準備をするばかりで、なかなか火元には立たせてもらえませんでした。5年以上修業していても焼き場の仕事ができるチャンスがないこともよくありました。また「どうしてこの手順なのか？」などと料理について先輩たちに質問しても、満足できる回答をもらえることは少なかった記憶があります。

「一人前の料理人になるまでに、時間がかかりすぎるのではないか？」そんな風に感じる人は、わたしたちだけではなかったと思います。

知識の獲得に修業は不要

本来、知識の獲得にはそれほど長い時間は必要ありません。厨房での長期にわたる修業をしなくても、知識は短期間で獲得できるのです。

靴職人やピアニストの世界では、長年の修業が欠かせません。師匠のもとで厳しい訓練を積み重ね、技術を磨くことで、一人前として認められます。

では、料理はどうでしょうか？確かに、料理にも経験は重要です。何度も同じ料理を作ることで、食材の扱い方や火加減のコツをつかむことができますし、厨房での動き方のコツをつかむには経験が必要です。

しかし、料理においては、知識がカバーできる領域がみなさんの想像よりも広いのです。知ってさえいればすぐにできることも多いです。さきほど例に挙げた、シチューの煮込みもそのひとつです。正しい温度で、必要な時間だけ肉を煮込めば、初めて料理をする人が行っても、私が行っても、まったく同じように肉は柔らかくなります。

また、経験が必要な領域についても、正しい知識を持った状態で練習することで、上達のスピードがあがります。

言語化できない味は再現できない

そして、料理を学ぶうえで欠かせないのが言語化する力です。料理を食べて「おいしい！」と感じても、なぜおいしいのかを具体的に表現するのは意外と難しいのですが、これができるようになると、料理が上手になります。

今年一番おいしかったものは？

たとえば、「今年食べた料理の中で一番おいしかったものは何ですか？」と聞かれたら、どう答えるでしょうか。「海が見えるレストランで食べたイタリア料理がおいしかった」「旅行先のタイで食べた汁そばが、ハーブが効いていておいしかった」など、何かの思い出といっしょに料理を思い出す方が多いかもしれません。じつは、この「おいしかった」という感想をもう少し掘り下げて、「どうしておいしいと感じたのか」を表現できると、料理の理解がぐんと深まります。

テレビ番組で、プロの料理人がファミレスのメニューを試食するシーンを思い浮かべてみてください。彼らは「よくできた餃子だけど、すこしショウガの香りが邪魔かもしれない」「キャベツの食感はちょうどいいですね」といった風に、味はもちろん、風味や食感について具体的にコメントします。このような言語化の力は料理のスキルに直結しています。

他の人の料理を味わう場合だけでなく、自分の作ったものを食べて確認する場合にも言語化の力は重要です。解像度の高い表現で自分の料理を言語化できると、次に作るときの改善点がはっきりして、上達が早くなります。

言語化は練習で上手くなる

シェフクリエイトのレッスンでも、料理の上達のために「印象に残った料理を振り返ること」をお勧めしています。

たとえば、「今年一番おいしかった料理」を思い出し、それがなぜ印象に残っているのかを具体的に言語化してみましょう。

「イタリアンレストランで食べたうにのパスタがおいしかった」と語る、ある生徒さんに「どんな風にがおいしかったの?」と聞くと、最初は「クリーミーでうにが効いていて……」とざっくりした答えでした。しかし、少し間を置いてから再び回答してもらうと「生のうにがトッピングされていて、ソースにも卵黄が入っていてコクがあった」と、分析の解像度があがってきました。言語化は、練習すれば上手になるのです。

知識は料理を自由にする

本書が目指すのは、読者の皆さんが料理の知識をしっかり身につけて、自分で自由に料理を組み立てられるようになることです。どんな料理にも共通する理論を理解することで、レシピがなくても、自分が思い描く味を作り出せるようになります。

伝わりやすい説明のため、一部、学術的な裏付けが十分ではない領域についても記述していますが、シェフクリエイトの経験にもとづいた、料理をおいしく作るという目的において有用な知識です。ぜひ、ご自身の感覚と照らし合わせながら、積極的に試してみてください。

CHAPTER 02

旨さを決める方程式

CHAPTER 02

1

おいしさを決める方程式を理解しよう

QUESTIONNAIRE

旨さの方程式でとくに重要な要素は？

1 甘みと辛味
2 食感と温度
3 旨味と塩味

シェフクリエイトの「旨さの方程式」では、料理の基本的な「おいしさ」を作り出すための中心的な要素であり、主に「旨味」と「塩味」によって決まる「旨さの量」を特に重要視しています。甘みや辛味などからなる「味の特徴」、温度や食感なども重要ですが、旨味と塩味の2つはどんな料理にも欠かせない要素であり、これらが調和しているとそれだけで料理の味は整い、十分なおいしさを感じられるのです。（答え：3）

「旨さの方程式」とは、料理をおいしくする5つの要素とその関係を示す考え方のこと。シェフクリエイトが非常に重視しているフレームワークです。

方程式を構成する5つの要素

旨さの方程式は「旨さの量」「味の特徴」「風味」「食感」「温度」という5つの要素からなり、それぞれが高得点を取れていると、私たちは「おいしい」と感じます。以下、ひとつずつ説明していきます。→図版は45ページ

❶旨さの量

「旨さの量」は、旨味と塩味を指します。旨味や塩味が不足していると、どんなに見た目が良くても「おいしい」とは感じられません。たとえば、スープを作る時、だしがしっかりしているのに塩が不足していると、味がぼやけた印象になります。反対に、塩味が強すぎても、旨味は損なわれます。

旨さの量は、料理の土台を作る基礎であり、ここが不十分だと料理として

成り立たなくるくらい、重要な要素です。

❷味の特徴

次に「味の特徴」ですが、これは甘味、酸味、苦味、辛味、渋味の5種類が該当します。料理において、これらの味の特徴は、料理ごとに適切なバランスをとることが大切です。（いわゆる基本5味とは異なる組み立てになっていますのでご留意ください。くわしくは3章で解説します。）

たとえば、角煮であれば少し甘味が加わっていると「おいしい」と感じやすいですし、酢の物であれば酸味があることが期待されます。特徴的な味がその料理にふさわしい形で加わっていると、料理全体の調和がとれます。

❸風味

3つ目の「風味」は、料理に含まれる香りのことです。食材そのものの香りや、加熱時の香り、スパイスやハーブの香りなどが風味に該当します。たとえば、カレーでスパイスを油で炒めると香ばしい香りが立ち、それが料理

旨さの方程式

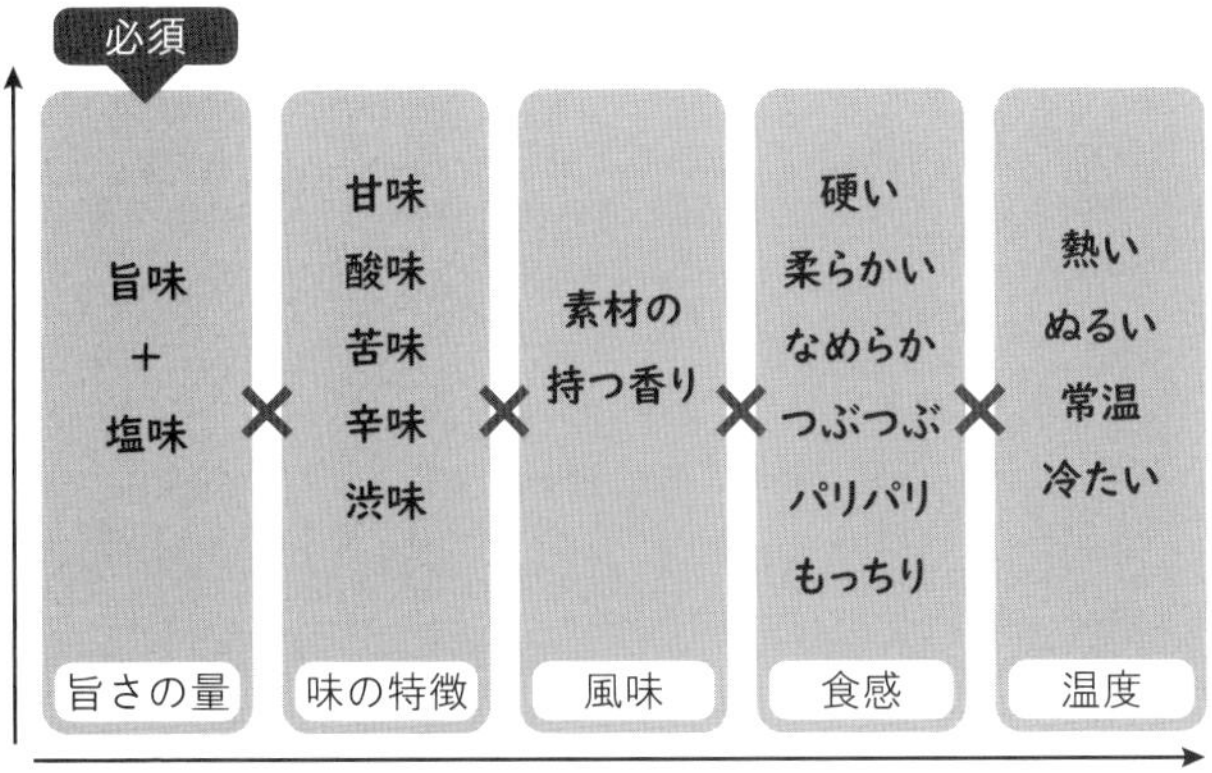

5つの要素のかけ算＝おいしい！

旨さの方程式とは、料理をおいしくするための5つの要素とその関係を示す考え方のこと。方程式は、「旨さの量」「味の特徴」「風味」「食感」「温度」という5つの要素からなるかけ算。なかでも旨味と塩味からなる「旨さの量」は、どんなジャンルの料理にも必要とされる、方程式の基本要素です。また、これを意識することで、料理のどこを改善すべきかも特定することができます。

全体の風味を深めます。舌で感じるものではないので、基本5味には含まれませんが、日本語では風味と表現されますし、シェフクリエイトでは風味を重要視しています。（風味については4章でくわしく解説）

❹食感

「食感」は、料理を口に含んだときの感触です。硬さや柔らかさ、なめらかさやザラザラ感などが含まれます。たとえば、唐揚げはサクサク、プリンはなめらかであることが期待されますが、このような食感が思い描いたとおりであると、料理の完成度が上がります。

逆に、予想していた食感から大きく外れると、味が良くても「おいしくない」と感じてしまうことがあります。（食感については5章でくわしく解説）

❺温度

最後に「温度」です。料理はそれぞれ適切な温度で提供されることが大事です。たとえば、ラーメンがぬるいと評価が下がってしまうように、温度は、

食感や風味にも大きく影響します。（温度については6章でくわしく解説）

方程式の値はかけ算

これら5つの要素からなる旨さの方程式の結果は、かけ算で評価される点に注意が必要です。かけ算なので、どれかひとつでも点数が低いと、料理全体の評価を下げてしまいます。また、どれかひとつだけ高い点数をとっても、料理全体の評価を高得点にすることはできません。

すべての要素でNGを出すことなく、満点を目指していきましょう。

課題を発見する

多くの人は「おいしくないのはわかるけど、それがなぜなのかはわからない。だから、改善もできないし、料理が上達しない」というジレンマを感じています。しかし、原因は方程式のどこかに必ずあります。そして、原因が特定できれば、正しい工夫で必ず改善できます。（7章でくわしく解説）

CHAPTER 02

2

旨さの量を整える

QUESTIONNAIRE

旨さの量を整える正しい方法は？

1. 旨味のある食材を用いる
2. 塩分量を調整する
3. 水分を煮詰めて濃度を上げる

前提として、豊富な旨味をもつ食材を活用することがまず重要です。また、塩味が不足すると旨味もぼやけるので、少しずつ塩分を足しながら味見をして調整します。塩味は一度入れると取り除けないため、少しずつ加え、適度な塩味を見つけていくことが大切です。また、煮詰めて水分を飛ばすことで、旨味や塩味の濃度を高められます。スープやソースの場合、煮詰めて少し濃度を増すことで、自然な旨さの量に整います。（答え：123）

旨さの量＝旨味＋塩味

「旨さの量」は、料理の基本的な「おいしさ」を作り出すための中心的な要素であり、「旨味」と「塩味」によって決まります。この2つが調和すると料理の味が整い、おいしく感じやすくなります。（旨味は8章、塩味は9章でも解説）

旨味の重要性

旨味は、昆布、鰹節、肉、野菜、トマト、きのこなど、さまざまな食材に含まれている特有の成分で、日本料理では特に「だし」として活用されてきました。

旨味は、グルタミン酸やイノシン酸、グアニル酸といったアミノ酸や核酸によって感じられます。昆布のだしにはグルタミン酸が豊富で、鰹節にはイノシン酸が多く含まれており、これらを組み合わせると相乗効果で旨味が増し、味に深みが生まれます。

旨味は、人間の舌で他の味（甘味、酸味、苦味、辛味、渋味）とは別に感じ取ることができる味。旨味が含まれていると、料理の味を豊かに感じられます。たとえばスープや煮物などで、少量のだしを加えるだけでも料理全体の味わいが深く感じられることがあります。

塩味の役割

塩味は、塩化ナトリウムなどの塩類によって引き起こされる味覚です。ナトリウムは、体液の浸透圧の維持、神経伝達、筋肉の収縮など、生命維持に不可欠なミネラルです。塩味を感じることで、ナトリウムを含む食物を摂取し、体内のミネラルバランスを保つ役割を果たしています。

しかし、塩分の過剰摂取は、高血圧、心血管疾患、腎臓病などの健康リスクを高める要因となりますし、塩を急激に大量に摂取すると、体内の塩分濃度が急上昇し、最悪の場合、命に関わることもあります。

塩分が適正値から著しく狂った食べ物は、継続して摂取してしまうと体にとって危険であるため、体に備わる防衛手段として、食べ続けられない「まずいもの」として認識されます。これが、ほどよい塩味が料理のおいしさの大前提である理由です。

旨味と塩味のバランス

旨味と塩味は「セット」として考えることが大切です。たとえば、うどんのつゆを作る場合、昆布や鰹節でとっただしにそのまま麺を入れても、おいしいとは感じにくいです。

しかし、そこに塩やしょう油を加えて塩味を調整することで、「おいしい」と感じられるようになります。

旨さの量を整える方法

「旨さの量」を整えるための基本的な方法は次の通りです。くわしくは8章で解説しますが、ここでは大筋を示しておきましょう。

だしや旨味のある食材を活用する

旨味の多い食材や調味料などをうまく使うことで、旨味を増強できます。たとえば、味噌汁にかつお節や昆布でとっただしを使うと、単に味噌と水で作った場合と比べ、味に深みが出て「おいしい」と感じやすくなります。

塩分量の調整

塩味が不足すると旨味もぼやけるので、少しずつ塩分を足しながら味見をして調整します。ただし、一度入れると取り除けないため、少しずつ加え、適度な塩味を見つけていくことが大切です。

シェフクリエイトでは、3回を目安に塩を決めることを推奨しています。

1回目は予想の80%の量をくわえます。

2回目で90%を狙い、3回目で100%を狙って味を決めます。

理由は、塩決めが苦手な人の特徴は、1回目の量が少なすぎる傾向にあるからです。1回目が少ないとゴールまでが遠すぎて、3回くらいでは決めることができずに、下手をすると十数回味見を繰り返してしまい、よくわからなくなってきます。連続した味見で正確に分かるのはせいぜい4回目くらいまで。それ以上は感覚が狂ってきてしまいます。その場合は水を飲んで口の中をリセットしたり、10分程度時間をおいてから再調整します。

煮詰めて濃度を上げる

煮詰めて水分を飛ばすことで、旨味や塩味の濃度を高める手法も一般的です。煮詰めながら十分な旨さを目指すことを前提にレシピを組み立てる場合もあります。

CHAPTER

03

味の特徴を理解する

CHAPTER 03

1

5種類の味の特徴を理解する

QUESTIONNAIRE

「痛覚」と「温覚」を通じて感じられる味は？

1 甘味
2 渋味
3 辛味

料理に含まれる「甘味」「酸味」「苦味」「辛味」「渋味」を、シェフクリエイトでは「味の特徴」と呼んでいます。

このうちの辛味は、料理に「刺激」を与える味で、一般的には唐辛子や胡椒、わさび、生姜などに含まれる成分から感じられます。辛味は「痛覚」と「温覚」を通じて感じられ、料理にアクセントやパンチを加えます。唐辛子は熱い温度として、ワサビは低い温度として感じられます。（答え：3）

シェフクリエイトでは料理に含まれる「甘味」「酸味」「苦味」「辛味」「渋味」を5種類の「味の特徴」と呼び、旨さの方程式の構成要素に位置付けています。

「基本5味」と「味の特徴」の違い

味の特徴は、一般的に言われる「基本5味」とは異なる点があります。基本5味は、人間の舌が感じる味覚の種類を分類したものです。

・甘味：糖類によるエネルギー源としての重要性
・酸味：食品の鮮度や安全性を感じ取るための感覚
・塩味：体内のミネラルバランスを保つための指標
・苦味：毒物を回避するための感覚（嫌悪感を生む）
・旨味：食品の「コク」や「深み」を感じる

基本5味は味覚そのものに焦点を当てており、生物学的な側面から味の意味を理解するのに向いていると考えられます。

これに対してシェフクリエイトの「味の特徴」は、料理における味の創造的な側面に基づいています。おいしいものを創るためのフレームワークとしての「旨さの方程式」を機能的にするために分類しているのです。

前述の通り、どんな料理にも必要である旨味と塩味は「旨さの量」として方程式のはじめの要素として独立させているため「味の特徴」には含んでいません。また、一般的な基本5味には含まれない辛味と渋味も、コントロールすべき味の特徴として、甘味・酸味・苦味と同列に扱っています。

では、5種類の「味の特徴」を順に解説していきましょう。

①甘味

糖類（グルコース、フルクトース、スクロースなど）によって引き起こされる味覚です。

糖類は生物にとって重要なエネルギー源であり、甘味を感じることで、エネ

味の特徴

甘味	料理に「優しさ」や「コク」を与える味。料理で使われる甘味には、砂糖やみりん、ハチミツなどの天然の甘味料や、野菜や果物に含まれる自然の甘味などがあります。
酸味	料理に「さっぱりとした清涼感」や「爽やかさ」を加える味です。料理で使われる酸味には、お酢やレモン、トマト、ヨーグルトなどが挙げられます。
苦味	料理に「深み」や「アクセント」を与える味です。苦味は野菜（ゴーヤやほうれん草の一部）、コーヒー、ビールなどに含まれます。
辛味	料理に「刺激」を与える味。一般的には唐辛子や胡椒、わさび、生姜などに含まれる成分から感じられます。
渋味	緑茶や柿、ワインの皮や種に含まれる成分で、口の中が引き締まる感覚を引き起こします。

ルギー源となる食物を識別し、摂取する動機付けとなります。

甘味は、脳の報酬系と呼ばれる領域を活性化し、快感や満足感を引き起こすことが知られています。これは、エネルギー源の摂取を促進するための生物学的なメカニズムと考えられます。

親しみやすい味わい

料理で使われる甘味には、砂糖やみりん、ハチミツなどの天然の甘味料や、野菜や果物に含まれる自然の甘味などがあります。甘味は、スイーツだけでなく、肉料理や煮物などの料理にもよく使われ、味をまろやかにし、親しみやすい味わいを作り出します。

②酸味

酸味は、酸性物質（クエン酸、酢酸、乳酸など）によって引き起こされる味覚です。酸性物質は食品の腐敗や発酵によって生成されることが多いため、酸味を感じることで、腐敗した食品を避け、食あたりのリスクを減らす役割を果たしています。また、未熟な果実は酸味が強いため、酸味は果実の成熟度を判断する指標としても機能します。

腐敗や未熟のサインというとネガティブな印象ですが、みなさんご存知の通り、適度な酸味は、料理に「さっぱりとした清涼感」や「爽やかさ」を加える大事な役割をはたします。

清涼感とキレ

料理で使われる酸味には、お酢やレモン、トマト、ヨーグルトなどが挙げられます。酸味は、料理にキレを与え、味を引き締める効果があります。

酸味は料理の重たさを和らげるため、脂っこい料理に酸味を加えるとバランスが良くなります。たとえば、揚げ物にレモンを添えると、さっぱりとして食べやすくなります。

③苦味

苦味は、アルカロイドなどの多くの有毒物質によって引き起こされる味覚です。苦味を感じることで、毒物を含む可能性のある食物を避け、身を守る役割を果たしています。

生物の本能としては避けたい苦味ですが、控えめに使うと、料理に「深み」や「アクセント」を与えます。苦味は野菜（ゴーヤやピーマンなど）、コーヒー、ビールなどに含まれます。

豊かな印象と大人の味わい

苦味があることで味わいが一辺倒にならず、全体に深みが出ます。たとえば、カレーのベースとなるタマネギを、意図的に少しだけ焦がして苦味を出す有名店があります。ビールやダークチョコレートなども、苦味があることで独特の風味が生まれます。

苦味に対する感じ方は、経験によって大きく変化することが知られています。たとえば、コーヒーやビールなどの苦味は、最初は嫌悪感を感じるかもしれませんが、次第に慣れ、好んで飲むようになることがあります。

④辛味

辛味は、一般的には味覚ではなく、痛覚の一種。味蕾ではなく、口の中や舌にある感覚神経（三叉神経など）が、辛味成分によって刺激されることで生じます。代表的な辛味成分には、カプサイシン（唐辛子）、ピペリン（胡椒）、イソチオシアネート（わさび、からし）などがあります。

ある程度以上の刺激になると痛みとして認識されますが、適度な辛さは快感と関連付けられることもあります。また、辛味によって発汗が促され、爽快感を感じることもあります。辛味の好みは、文化や食習慣によって大きく異なります。辛い料理を日常的に食べる地域では、辛味に対する耐性が高くなる傾向があります。

味の刺激

辛味は、料理に「刺激」を与える味で、一般的には唐辛子や胡椒、わさび、生姜などに含まれる成分から感じられます。

辛味は「痛覚」と「温覚」を通じて感じられ、料理にアクセントやパンチを加えます。唐辛子は熱い温度として、ワサビは低い温度として感じられます。辛味を加えることで、他の味も強調され、味覚全体が活性化します。たとえば、辛味が効いた料理は、食欲を刺激し、食べ進めたくなる味になります。

⑤渋味

渋味は、他の味と比べて特殊な味覚で、タンニンやカテキンなどを含む食材に由来する「収れん味」です。渋味は緑茶や柿、ワインの皮や種に含まれる成分で、口の中が引き締まる感覚を引き起こします。

渋味は量が多いと不快に感じられますが、適量であれば料理に引き締まった印象を与えます。

味わいの強調

渋味が加わることで、料理に強さが生まれます。渋味は、他の味を支えたり強調したりする役割を持ちます。赤ワインがいろいろな料理で活躍する理由のひとつも渋味にあります。

これら5つの味の特徴は、料理によって異なる割合で取り入れられ、それぞれの味が適切に調整されることで料理がよりおいしくなります。また、これらの味は組み合わせによって相互作用を生むことがあります。

CHAPTER 03

2

レシピ作りに役立つ味の相互作用

QUESTIONNAIRE

レモンスカッシュはなぜおいしい？

1 炭酸が酸味を和らげるため
2 甘味が酸味を和らげるため
3 冷たさが酸味を和らげるため

レモンジュースやレモン汁に砂糖を入れて炭酸で割るとレモンスカッシュになっておいしい。これは、「甘味」が「酸味」を和らげ、感じにくくするため。逆に、「酸味」は「甘味」を和らげ、感じにくくさせます。つまり、甘味と酸味は、お互いを弱めあう特性があるのです。また、甘味と辛味・苦味・渋味も同じような関係にあります。（答え：2）

味調整の法則

味は複数入れることでそれぞれが影響し合う特性、つまり、相互作用を引き起こす特性があります。レシピ開発や味の調整にもとても役立つ特性なので、しっかり理解しましょう。ここでは、甘味に対する酸味・苦味・辛味・渋味の4味の相互作用について解説しましょう。

甘味は味を和らげる

たとえば、酸っぱすぎるレモンジュースやレモン汁も、砂糖を入れて炭酸で割ると、おいしいレモンスカッシュができあがります。また、苦いコーヒーが苦手な方も、砂糖を入れて苦味を和らげるとおいしくいただくことができます。マスタードに蜂蜜を入れると、辛いものが苦手な方でも食べやすいハニーマスタードになる、紅茶に砂糖が加わると渋味が弱まり飲みやすくなる、というようなこともあります。

わかりやすいのは梅たたききゅうりです。南高梅などの甘いもので普段作り慣れていると、塩気の強い梅で作った梅干しは酸っぱくて子供が食べられないことがあります。その場合は、砂糖や蜂蜜を少し加えて練ってあげると酸っぱさが和らいで食べられるようになります。大人向けだったら、梅酒を入れると梅の風味が揃うので、おいしい梅きゅうが作れます。

酸味で甘みを和らげる

逆もまた然りで、たとえば、角煮を作ってちょっと甘いなというときには、少しだけ酢やレモン汁を入れて甘さを引いてあげる。ちなみに酸味がわかるほど入れなくても大丈夫です。ほんのちょっと入れるだけで、甘さがキュッと引く。甘さが引かれることで食べ疲れしなくなります。

カプサイシンなど一部の辛味成分は甘味でまろやかにならないなど、味の相互作用は複雑な現象です。ここでは全般的な傾向を解説していると理解してください。

味の相互作用

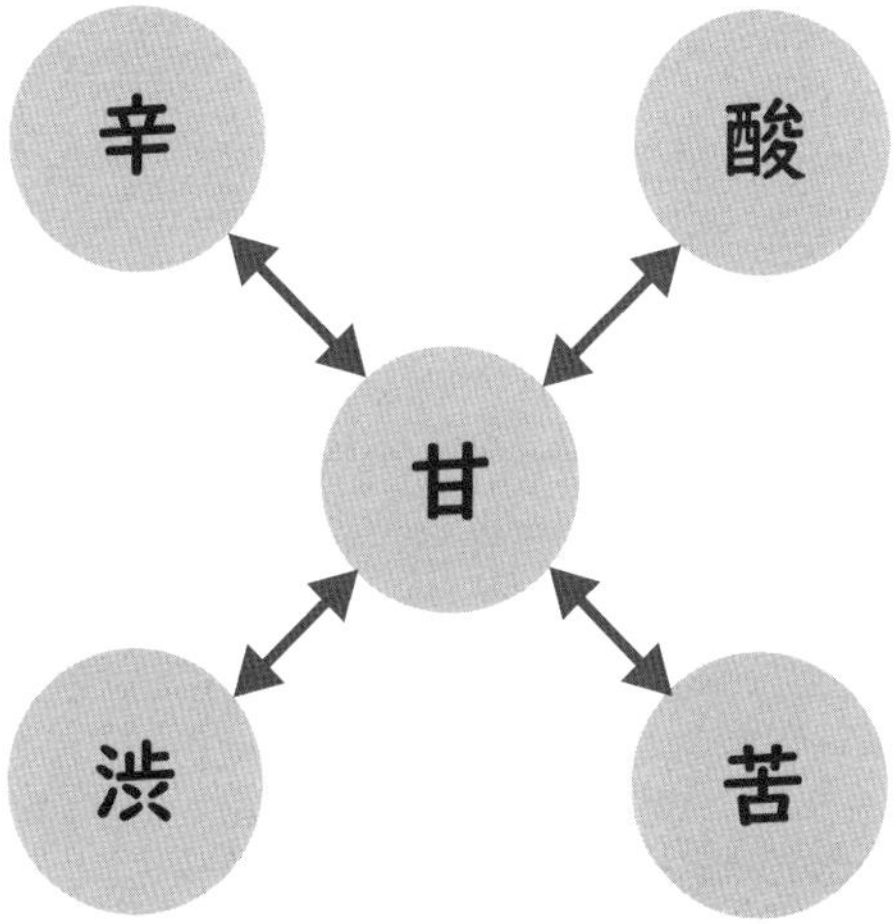

・レモン（酸）＋ 蜂蜜（甘）＝ 甘酸っぱい
・コーヒー（苦）＋ 砂糖（甘）＝ 苦甘い

甘味は、酸味・苦味・辛味・渋味と合わさるとお互いを弱めあう効果があります。酸っぱすぎる料理に甘味を加えることで酸味を和らげ、食べやすくなります。逆に、甘すぎる料理に酸味を加えることで、味のバランスが整います。

CHAPTER 04

個性を演出する風味の使い方

CHAPTER 04

1

料理に個性を与える風味を理解する

QUESTIONNAIRE

戻り香り（レトロネーザル）は次のどれ？

1 焼きたてのパンの香り
2 鉄板の上のハンバーグの香り
3 チーズを食べた後に残る香り

戻り香りは、料理を口に入れて咀嚼し、飲み込むときに鼻から抜けていく香りです。風味の奥行きを感じさせるのは、この戻り香りによる部分が大きく、特に「余韻」を楽しむ料理にとって重要です。一方、料理を食べる前に感じる、鼻から直接感じる香りを立ち香りといいます。立ち香りは料理の第一印象を決めるもので、「食べたい」「おいしそう」と感じさせる重要な役割があります。（答え：3）

「風味」は、料理の味わいを決定づける要素のひとつで、香りと密接に関わるものです。舌で感じる塩味や甘味とは異なり、風味は「鼻」で感じ取ることが多いのが大きな特徴です。

たとえば、いろいろな味のキャンディーがありますが、レモン味もイチゴ味も、香料以外の成分はほぼいっしょです。香料つまり風味を司る成分の違いが、個性的な印象を演出しているのです。香料がなければ、ただ甘いだけのキャンディーになってしまいます。つまり、キャンディーについては味＝風味だといえます。

食べ物の風味は、食材そのものの香りだけでなく、調理の仕方や使われるスパイス、調味料の香りなど、さまざまな要因で決まります。

風味は料理に個性を与える

風味は、「料理に個性を与えるもの」とも言えます。たとえば、カレーを作るとき、スパイスを油で炒めることで、香りが引き出されて一気に「カレーらしさ」が出てきます。この「カレーらしさ」こそが風味です。同じように、焼き魚のこんがりした香ばしさや、ハーブを効かせたドレッシングの清涼感、肉をグリルしたときのスモーキーな香りなど、風味は料理に「この料理らしい」という特徴を与えるのです。

風味の種類

風味には、「立ち香り（オルソネーザル）」と「戻り香り（レトロネーザル）」の2種類があります。

立ち香り（**オルソネーザル**）

立ち香りは、料理を食べる前に感じる、つまり鼻から直接感じる香りです。たとえば、焼きたてのパンの香ばしい香りや、ハンバーグが鉄板に乗ってジュウジュウと音を立てている時に立ち上がる香りが、立ち香りにあたります。

立ち香りは料理の「第一印象」を決めるもので、「食べたい」「おいしそう」

と感じさせる重要な役割があります。

戻り香り（レトロネーザル）

料理を口に入れて咀嚼し、飲み込むときに鼻から抜けていく香りです。風味の奥行きを感じさせるのは、戻り香りによる部分が大きく、余韻を楽しむ料理ではとくに重要です。たとえば、ワインを飲んだ後の香りの余韻や、濃厚なチーズを食べた後に残る香りなどが、戻り香りにあたります。

風味を引き出す調理の工夫

風味は調理の工夫によって、驚くほど変わってきます。ここでは、具体的にどのような工夫で風味を引き出せるのか、インドカレーを例に挙げてお話ししましょう。インドカレーの作り方のひとつに、スパイスを複数回に分けて加える場合があります。

ホールスパイスを油で加熱する

これは、油にホールスパイスの香りをうつすために行います。ホールスパイスの香りを食材に直接浸透させることはできないので、香りを一旦油にうつし、その油で食材を炒めることで、食材の中まで香りを入れるのです。

ホールスパイスは長い時間香りが出るのが特徴なので、比較的長い時間炒めたり、煮出したりすることができます。これにより全体のベースとなる香りを作ります。

パウダースパイスを加えて炒める

香りをうつした油で玉ねぎ、ニンニク、トマトなどの食材を炒めたあとに、パウダースパイスを加えます。炒め時間が長いと香りが飛んでしまうので、さっと炒めて次の工程に移るのが大事です。

このように、スパイスの香りを段階的に加えることで、カレーには奥行きと深みのある風味が生まれ、私たちはこれを「おいしい」と感じやすくなります。スパイスのタイミングや量を変えるだけでも、風味が変化するため、毎回違ったカレーができるという面白さもあります。

風味と素材の鮮度

風味は素材の鮮度によっても大きく左右されます。鮮度が良い素材は香りが豊かで、風味の点数も高くなります。たとえば、新鮮なニンジンをかじると、甘味とともにフレッシュな香りが鼻に抜けますが、古くなったニンジンではその香りがほとんど感じられません。また、鮮度が良い魚は海の香りが強く、刺身や寿司では非常においしいと感じられますが、鮮度が落ちると特有の生臭さが出てしまい、魅力が半減します。

食材の香りがしっかりとしていると、調味料を多用しなくても風味豊かな料理ができます。ですので、素材の風味を活かしたい場合は、鮮度の良い食材を選び、なるべくシンプルな調味で仕上げると、その素材ならではの香りが引き立ちます。

CHAPTER 04

2

風味を高める さまざまな技法

QUESTIONNAIRE

メイラード反応はアミノ酸と熱と何によって起こる？

1 塩分
2 酸味
3 糖分

メイラード反応は、食品を加熱した際に、糖とアミノ酸が反応して褐色に変化し、香ばしい風味や食欲をそそる色を作り出す化学反応です。フランスの化学者ルイ＝カミーユ・メイラールによって発見されたことから、この名が付けられました。素材そのものの風味を生かした調理、ハーブやスパイスを用いた風味づけとともに、ぜひ身につけたい調理技法です。（答え：3）

風味の応用

ハーブやスパイスも、風味を豊かにするための重要な要素です。料理によっては、香りが足りないと感じた場合にハーブやスパイスを追加して風味を整えることができます。

ハーブの使い方

ハーブは、料理の仕上げにさっと加えることで、清涼感や彩りを添えてくれます。たとえば、パスタにバジルやパセリを添えると、見た目にも鮮やかになり、香りがプラスされて味がぐっと引き締まります。料理に新鮮さや爽やかさを加えたい場合には、ハーブが効果的です。

スパイスの使い方

スパイスを油で加熱すると香りが立ち、料理全体に豊かな風味が広がります。特に煮込み料理やカレーなどでは、スパイスを炒めて香りを出すことで、複雑で深い風味が楽しめるようになります。

たとえば、生姜やシナモンを煮込み料理に加えると、香りが引き立ち、より温かみのある仕上がりになります。また、コリアンダーやカルダモンのように爽やかな香りを加えるスパイスもあります。

風味を意識して温度を決める

風味は温度によっても感じ方が変わります。温かい料理は香りが立ちやすく、冷たい料理は香りが抑えられる傾向があります。そのため、温かいスープやグラタン、焼きたてのパンなどは、温度が高いと風味が豊かに感じられ、香りも楽しみやすくなります。

逆に冷たい料理は、香りをあまり立たせたくないときに適しています。たとえば、お寿司では温かいシャリと冷やした魚を使うことで、いやな香りは抑えつつ、全体としては食べやすい温度にしています。

フレンチやイタリアンのコース料理でも、冷製の前菜や温かいスープ、熱々のメイン料理といったように、風味を活かす温度の違いが使い分けられています。料理ごとに適切な温度を意識することで、風味を一層引き出すことができるのです。

風味は料理や素材の「らしさ」を作り出す

たとえばトリュフがトリュフらしくあるのはあの特徴的な香りおかげですし、カリフラワーをピュレにして原型がなくなってもカリフラワーを感じることができるのは香りのおかげです。

食感や甘味などの味の特徴は調理によって変えたり補ったりできますが、その食材独特の香りだけは、失われてしまうと復元することはできません。食材を活かしたいと思うのであれば、その風味を最大限に活かすことが必須となります。

CHAPTER 05

おいしさを生み出す食感の工夫

CHAPTER 05

1

期待通りの食感が料理をおいしくする

QUESTIONNAIRE

サクサクした食感はどんな時に生まれる？

1. 食品中の水分が豊富である
2. 食材から油が染み出す
3. 水分が少なく、空気が多い

「サクサク」とした食感は、人間の五感に快い刺激を与えるため、多くの人に好まれる食感です。サクサクとした食感は、食品中の水分が少ない状態、気泡を多く含む状態によって生まれます。

水分を多く含んだ食品は「ジューシー」や「もちもち」の食感を、食材から油が染み出す場合は「ジュワッ」とした食感を生み出します。(答え：3)

「食感」は料理のおいしさを決定する大切な要素のひとつです。料理を口に含んだときに感じる「硬い」「柔らかい」「サクサク」「ふんわり」といった感覚です。

食感が与える印象

料理には「理想的な食感」というものがあります。たとえば、唐揚げをイメージしてください。唐揚げの皮は外がカリッとしていて、噛むとジュワッと肉汁が広がるような食感が理想です。こうしたサクサク感やジューシーさを求めて唐揚げを食べる人が多いので、もし揚げ方が悪くて皮がしんなりしていたり、固くてパサパサしていたりすると、満足感が半減してしまいます。

見た目を裏切ると低評価

食感は、見た目の印象とも深く関わっています。たとえば、フレンチのムースは、見た目が滑らかなので「口当たりも滑らかだろう」と期待します。そのため、口に入れた瞬間にとろけるような舌触りがないと、視覚的に感じたイメージとのズレが生じてしまい、満足感が得られにくくなります。

食感の種類と料理の例

食感にはさまざまな種類があり、料理ごとに期待される食感が異なります。以下、代表的な食感と、それが楽しめる料理の例を挙げてみます。

「サクサク」

揚げ物やパイ生地、クラッカーなどに代表される、噛んだ瞬間に軽くて歯切れの良い食感です。たとえば、天ぷらの衣はサクサクしていることが重要です。サクサク感があることで、食べた時の軽さが生まれ、油っぽさを感じにくくなります。

また、サクサクの「音」もおいしさを感じる要因のひとつで、アメリカの実験では、しなびたポテトチップスを食べる際にサクサクの音を聞かせることで、97％の人が「おいしい」と感じたという結果も出ています。

「フワフワ・なめらか」

シフォンケーキやプリン、ムースのような、柔らかくて口の中でとろけるような食感です。プリンは、口に入れた瞬間になめらかに溶ける感触が重要です。なめらかであればあるほど高級感が出て、より「おいしい」と感じられます。もしプリンがザラザラしていたら、「なめらかで甘いデザート」という期待を裏切ってしまい、満足度が下がります。

「モチモチ」

お餅やタピオカ、うどんなどの弾力のある食感です。うどんのモチモチ感は、その食感があるからこそ歯応えがあり、噛むごとに小麦の香りが広がります。モチモチ感が強すぎても粘りが出てしまうため、ちょうど良い弾力に調整することが大切です。逆に、モチモチであるべき料理がべたついていたり、硬くなってしまったりすると、期待された食感にはなりません。

「シャキシャキ」

レタスやキュウリなどの生野菜や、火が入りすぎていないピーマンやもやしなどで感じられる、歯ごたえのある食感です。シャキシャキ感は、特にサラダや炒め物で重要です。たとえば、野菜炒めのもやしがしんなりしていたら、新鮮さやフレッシュ感が感じられなくなり、食感によるおいしさが減少してしまいます。

炒め物の場合、食材ごとに火が通る時間が異なるため、それぞれの食材のシャキシャキ感を残すために炒める順番やタイミングに注意を払います。必要な加熱時間が長いものを先に炒めはじめ、加熱時間の短いものは後から投入すると「炒め過ぎ」をさけることができます。

「ジューシー」

肉汁が豊富なステーキやハンバーグなど、肉料理で期待される食感です。ジューシーさは、食べた時に口の中に肉の旨味と脂の香りが広がるため、食べ応えと満足感が増します。もし、ジューシーさが失われて乾燥していると、肉本来の旨味が伝わりにくくなり、せっかくの肉料理もおいしさが半減してしまいます。肉のジューシーさを保つためには、焼き加減や休ませる時間を調整することがポイントです。

食感が単調な料理は飽きられやすい

どんなにおいしい白米でも、続けて何口もは食べれない、という人も多いです。しかし、ふりかけやお漬物があると、たくさん食べられるようになります。味の変化ももちろんありますが、これは、食感が大きく影響します。

カリカリとしたふりかけ、パリパリ、ポリポリとしたお漬物など、白米とは異なる食感が加わることで、食事が楽しくなり、飽きずに食べ進めることができます。

飽きずに楽しめる、おいしい料理を作るには、味だけでなく、食感も意識することが大切です。

CHAPTER 05

2

調理の工夫で食感をコントロールする

QUESTIONNAIRE

ステーキは「休ませる」となぜジューシーになる？

1. 肉汁が均等に再分配されるため
2. 肉が冷めて柔らかくなるため
3. 水分を空気中から吸収するため

焼きたてのステーキをすぐに切ると、中心部に集まった肉汁が一気に流れ出てしまい、その結果、肉の食感はパサパサになってしまいます。しかし、焼いた肉を一定時間「休ませる」ことで、中心部に集まった肉汁が、温度の低下とともに肉全体にゆっくりと再分配されます。これにより、ステーキにジューシーな食感をもたせることができるのです。（答え：1）

ここでは、食感をコントロールする工夫を紹介します。

揚げ物の温度と時間

高温で短時間揚げる場合と中温でじっくり揚げる場合とでは、衣の食感が異なります。食材によって異なりますが、高温では「カリカリ」、温度を下げると「サクサク」した食感になります。

冷やす、温める工程での温度管理

ムースやプリンなどのデザートで行う温度管理は、なめらかな食感を作るためにも重要です。プリンの場合、急激な温度上昇で生じた水蒸気が食感を損なう「す」を生み出します。卵のタンパク質は約60℃から凝固し始め、70℃前後でしっかり固まるので、これを大きく超えないよう管理します。

焼いた肉を休ませる

焼きたてのステーキやローストした肉は、切る前に少し休ませることで肉汁が落ち着き、ジューシーな食感を保つことができます。休ませる時間の目安は、予熱によって生じる、肉の中心温度の上昇が止まるまでです。これをせずに切ってしまうと、肉汁が流れ出し、ジューシーさが失われます。

食感の組み合わせで変化を出す

ひとつの料理の中で異なる食感が組み合わさっていると、飽きずに最後までおいしく食べられます。たとえばフレンチでは、濃厚なムースにキャビアを添えたり、クリーミーなスープにカリカリのクルトンを浮かべたりすることが多いです。

デザートのひと工夫

デザートでも、濃厚なチョコレートムースにナッツのクランチを加えると、食感の違いが楽しめて食べ進めやすくなります。こうした「異なる食感の組み合わせ」も、料理をおいしく感じさせるための大切な工夫です。

材料を省くと食感が単調に

逆に、レシピの印象から主材料ではないと判断し、何かの材料を省いて作った料理は、あまりおいしくなりません。これも、食感の単調さが原因である可能性が高いです。食感の変化がないと、すぐに飽きてしまいます。味がしつこく感じられてしまうこともあります。

食感は料理の印象を大きく変える

食感は、料理の味わいを大きく左右する重要な要素であり、見た目や味と組み合わさって「おいしさ」を生み出しています。料理に合った食感を意識して調理することで、料理がさらにおいしく、印象的なものになるのです。

CHAPTER

06

完成度を高める温度の法則

CHAPTER 06

1

味や香りは温度で変化する

QUESTIONNAIRE

脂が溶け出す温度がもっとも低いのはどれ？

1 牛肉
2 豚肉や鶏肉
3 ラム肉

食材によって脂が溶け出す温度は異なります。たとえば、牛肉の脂肪は 40 ～ 50℃で溶け出し、ラム肉は 50℃、豚肉や鶏肉は 30℃台後半で溶けます。これが、常温でもおいしく食べられる肉として豚肉や鶏肉が好まれる理由です。お弁当に入れる肉も、冷めた時の食感を考えて豚肉や鶏肉が選ばれることが多いです。お弁当に限らず、提供時の温度に合わせて食材を選ぶことが、おいしさ料理を作るコツのひとつです。（答え：2）

料理の味や香り、食感の感じ方は、温度によって大きく変わります。温かい料理は温かく、冷たい料理は冷たいままで提供することで、その料理が持つ本来の良さを最大限に引き出すことができます。

それでは、「温度」がなぜ料理の味に影響を与えるのか、そしてどのように管理すれば料理がおいしくなるのかを見ていきましょう。

温度が味に与える影響

まず、味覚は温度によって感じ方が変わります。たとえば、甘味は温度が高い方が、塩味は温度が低い方が強く感じられますが、酸味や苦味は低い温度でより強く感じられます。ですから、料理を適切な温度で提供することで、理想の味わいに近づけることができるのです。→図版は99ページ

冷たいデザート

たとえば、アイスクリームやゼリーのような冷たいデザートは、冷やすこ

とで甘味が弱まり、すっきりとした印象になります。

アイスクリームが溶けかかってぬるくなると、ただ甘ったるいだけになり、重たく感じてしまうことがあります。冷たい温度で提供することで、適度な甘味と滑らかさが保たれ、最後まで飽きずに食べられるわけです。

熱々のスープやシチュー

逆に、スープやシチューは熱々の状態で食べることで旨味が強く感じられ、ほっとするようなおいしさが引き立ちます。ぬるくなったスープやシチューでは、素材の旨味やスパイスの風味がぼやけてしまい、味も平坦に感じてしまいます。

たとえば、フレンチのビスク（エビなどを使った濃厚なスープ）やコンソメスープは、熱々で提供することで香りがふわっと立ち上がり、口に含んだ時に素材の味わいが濃厚に広がるのです。

温度が味に与える影響

塩味	温度が低いと強く感じる場合がある。
甘味	砂糖（ショ糖）の甘味の場合は、温度が体温に近い温度が一番強く感じる。低くなると感じにくい。（ただし果糖は 10 度くらいの方が強く甘味を感じる）
酸味	温度にあまり影響されないが、低い温度では甘味を弱く感じるため、酸味が強くなったように感じる。
苦味	低温～体温くらいの時に強く感じる。これも酸味と同じで甘味との相互作用で低い温度ではより強く感じる。
辛味	カプサイシンのような熱く感じる辛味は、温度が高いほうが強く感じる。ワサビのように冷たく感じる辛味は、低い温度のほうが強く感じる。

味の感じ方は、温度によって変わります。たとえば、甘味は温度が高い方が、塩味は温度が低い方が強く感じられる傾向があります。酸味や苦味は低い温度でより強く感じられますが、これは低温では甘味が弱く感じられるため。また、辛味はその種類によって温度から受ける影響が異なります。

温度と風味

温度が違うと、風味（香り）も変わってきます。料理の香り成分は、温度が上がると揮発しやすくなるため、温かい料理は香りが立ちやすく、冷たい料理は香りが控えめになります。

熱々のラーメン

たとえば、ラーメンを考えてみてください。ラーメンは熱々で提供されることで、スープの香りが鼻に抜け、味だけでなく香りでもおいしさを感じることができます。もしラーメンがぬるくなってしまうと、香りが立たず、味もぼやけてしまいます。

冷製スープ

温度が低いと風味は弱まりますが、冷製スープのガスパチョのように、冷たいからおいしい、という料理もあります。

トマト、きゅうり、ピーマン、パプリカなどいろいろな食材の風味がありますが、風味がおさえられるため、味にまとまりがでることにくわえ、酸味が効いた「さっぱり」とした料理であることが、ガスパチョのおいしさのポイントです。

温度と食感

温度が変わると、食感も変わります。たとえば、バターが溶ける温度やチョコレートが口の中で溶ける温度は非常に重要です。チョコレートは冷えすぎると固く、舌の上でなめらかに溶けませんが、体温と近い温度で口の中に入れると、すっと溶けて口当たりが良くなります。

ステーキの提供温度

ステーキも、提供時の温度が重要です。適切に休ませて肉汁が落ち着いた状態の肉を、温かい状態で提供することで、ジューシーで柔らかい、理想的な食感を保つことができます。ステーキが冷めてしまうと、脂が固まってしまい、口当たりが悪くなります。また、脂肪分が溶けていないと、脂の香りや旨味が感じられにくくなります。

脂の溶ける温度と肉の食感

食材によって脂が溶け出す温度も異なります。一般的な牛肉の脂肪は40〜50℃で溶け出し、ラム肉は50℃、豚肉や鶏肉は30℃台後半で溶けます。これを知っておくと、たとえば「常温でもおいしく食べられる肉」として豚肉や鶏肉が好まれる理由がわかります。お弁当に入れる肉も、冷めた時の食感を考えて豚肉や鶏肉が選ばれることが多いです。

お弁当の工夫

お弁当の場合、牛肉を使った料理だと冷めると硬く感じやすいですが、鶏肉や豚肉を使うと、脂肪分が冷えても柔らかく、しっとりとした食感が保たれやすいです。このように、食べる時の温度に合わせて食材を選ぶことで、冷えてもおいしさを楽しめる料理が作れます。

提供時の温度管理

料理は、提供されるときの温度もとても重要です。レストランのコース料理では、料理ごとに温度を調整し、冷たいものは冷たく、温かいものは温かく提供します。

たとえば、冷製のオードブルは冷蔵庫でしっかり冷やした皿に盛り付けられ、温かい料理には温めた皿が用いられます。温度が違うと料理の印象も変わるので、適切な温度管理が求められます。

ラーメン屋の丼ぶり

ラーメン屋では、提供するラーメンの温度を保つために、丼ぶりをあらかじめ温めておくことがあります。冷たい器にスープを入れると、器がスープの温度を奪い、すぐにぬるくなってしまいます。ぬるいラーメンは風味も食感も半減してしまうため、丼ぶりを温めて提供することで、スープの温度をしっかり保ち、おいしさを維持しているのです。

お弁当や冷凍食品の工夫

お惣菜やお弁当の場合は、提供される時の温度がぬるくなることを前提に調整を行います。たとえば、温かいままだとちょうど良い味だった料理も、冷めると味がぼけて感じられるため、あらかじめ少し強めに味付けをしておきます。また、水分が出にくいようにしたり、冷めても香りが飛びにくい調味料を使うことで、温度変化にも対応した商品が作れます。

冷凍食品の工夫

お惣菜やお弁当と同様、冷凍食品にも、温度を意識した工夫が施されています。冷凍状態で提供される前提で味や香り、食感が調整されているため、温め直した時にちょうど良い味わいになるよう設計されています。これは、冷凍後に温めたときの温度変化による味の変化を考慮して、事前に風味や塩加減を調整しているからです。

温度は、料理の味わいや香り、食感に大きな影響を与えます。料理ごとに適切な温度で提供することによって、素材の風味やイメージ通りの食感を実現し、理想的なおいしさに仕上げることができます。料理を作る際には、温度が味や風味にどう作用するかを意識し、その料理に適した温度で提供することが重要です。

CHAPTER 07

逆算の
3ステップメソッド

CHAPTER 07

1

考える順番が料理の仕上がりを決める

QUESTIONNAIRE

料理を考える上ではじめに行うべきことは？

1 材料と調理法を選択する
2 ゴールのイメージをしっかり持つ
3 旨味をどこで作るかを考える

まず大切なのは、最終的な「仕上がり」のイメージを明確に持つことです。料理を始める前に、その料理が最終的にどのような味や見た目になるべきかを具体的に想像しましょう。ここで十分に解像度の高いイメージを描けるかどうかが、料理の質を大きく左右します。仕上がりがイメージできたら、その次に、旨味をどの段階で作るかを考え、最後に、材料と調理法を選択します。（答え：2）

料理は逆算で考える

ここでは、料理を逆算して考える「3ステップメソッド」についてお話しします。このメソッドを学ぶことで、料理の計画から完成までを一貫して構造的に考え、理想の料理が作れるようになります。→図版は111ページ

①料理の「仕上がり」をイメージする

まず大切なのは、最終的な「仕上がり」のイメージを明確に持つことです。料理を始める前に、その料理が最終的にどのような味や見た目になるべきかを具体的に想像しましょう。アマチュアとプロの大きな違いは完成像の精度にあります。何となく作り始めると、仕上がりがぼやけた味や見た目になりがちです。しかし、プロの料理人は事前に「何がどうなればおいしいか」を想像し、旨さの方程式の構成要素のすべてを細かくイメージしています。

シェフクリエイトの講師も、あるタコス店のメニュー開発をサポートした際には、都内のタコス店を30店以上巡り、食べ比べを重ねました。そこまで徹底して「おいしさ」をイメージすることが、独自の味を生み出す上で重要な役割を果たすのです。

②旨味をどこで作るかを考える

仕上がりがイメージできたら、「旨味」をどのように作るかを考えます。これは料理の中心的な課題であり、特に意識してほしい部分です。

おいしくない原因は方程式の後ろから探る

せっかく作った料理が「なんかおいしくない」と感じた場合は「旨さの方程式」の後ろから原因を探ります。↓方程式の図版は45ページ

・温度（例：ぬるい）

逆算の3ステップ

①ゴールのイメージを持つ	最終的な「仕上がり」のイメージを明確に持つことが第一歩。その料理が最終的にどのような味や見た目になるべきかを具体的に想像しましょう。
②旨味をどこで作るか考える	料理の仕上がりがイメージできたら、その次に、「旨味」をどう作るかを考えます。これは料理の中心的な課題であり、特に意識してほしい部分です。
③材料と調理法を選択する	最後に、①と②で考えた仕上がりと旨味の構成を実現するための「材料と調理法」を選びます。材料の選択や調理法によって、仕上がりの味わいや食感が大きく左右されます。

・食感（例：硬すぎる、単調すぎる）
・風味（例：変な匂いがする、香りが足りない）
・味の特徴（例：甘すぎる、酸っぱすぎる）

これらは比較的わかりやすいので、思い当たる要素があればそこを変えてみます。それらを修正しても改善しない場合、犯人は旨味にあります。

「なんかおいしくない」原因は旨味

塩を足すことで旨味が感じられるようになればそれでOKですが、塩味が適切であるにもかかわらずおいしくないなら、旨味が足りていません。

単純な話として、そもそも「旨味を作る」という視点が抜けている方も多いですし、いつも同じ顆粒だしや加工調味料を使っているため、「せっかくいい素材を使ったのに、仕上がりがいつもと同じなので、特別おいしいとは思えない」という場合もとても多いです。素材から旨味を作る、という視点をもつことで、料理はバツグンにおいしくなります。

③材料と調理法の選択

逆算の3ステップの最後に、①と②で考えた「仕上がり」と「旨味」を実現するための「材料と調理法」を選びます。

一般的に「レシピ」と呼ばれるものは③にあたりますが、ここでのポイントは、いきなり③を考えたり、あるいは、ネットなどで調べたレシピを使う前に、①と②について考えることを忘れないでほしい、ということです。

旨味たっぷりの「肉じゃが」

肉じゃがは、家庭料理の代表格ですが、その魅力のひとつは、さまざまな食材から生まれる「旨味の宝庫」である点。しかし、名前からイメージされる「肉」と「じゃがいも」だけでは十分な旨味が得られないため、旨味をどこで作るかをしっかり考える必要があるのです。

肉じゃがに使う牛肉や豚肉にはイノシン酸が含まれていますし、じゃがいもやたまねぎにもグルタミン酸など野菜の旨味があります。しかし、たとえばたまねぎも、じっくり炒めるわけではなく、肉と野菜の旨味だけではじゅうぶんにおいしいものにはなりません。しょうゆに含まれるグルタミン酸と、肉類のイノシン酸が生み出す旨味、昆布とかつお節でとるだしの旨味があわさることで、旨味たっぷりのおいしい肉じゃがになるのです。

じつは旨味の多い「冷奴」

シンプルな料理である冷奴も旨味の好例です。豆腐やしょうゆにも旨味はありますが、

・グルタミン酸：生姜、ねぎ
・イノシン酸：かつお節

代表的な薬味に含まれるこれらの旨味の相乗効果によって、多くの人に好まれる、魅力的な料理になっているのです。

旨味を日本酒で作る

鍋料理のひとつに「美酒鍋」というものがあり、すばらしくおいしい料理です。これは、昆布やかつお節を使わず、日本酒と水だけで素材を煮込む鍋料理です。味付けはお好みですが、塩だけでも成立します。

日本酒には、昆布に含まれるグルタミン酸のほか、アスパラギン酸や有機酸（リンゴ酸、コハク酸、乳酸など）が含まれるため、大量の日本酒を使うことで、一般的なだし素材を使わずに十分な旨味を実現できるのです。

①仕上がりのイメージ：素材をいかしたシンプルな鍋料理
②旨味をどこで作るか：日本酒の旨味（と素材の旨味の相乗効果）
③材料と調理法の選択：日本酒の選択、アルコールを飛ばすなど

3ステップを美酒鍋で表現すると、このようになります。

CHAPTER

08

レベルを一段上げる 旨味の法則

CHAPTER 08

1

旨味の種類を理解する

QUESTIONNAIRE

「イノシン酸」をもっとも多く含むのは次のどれ？

1 牛肉
2 豚肉
3 鶏肉

肉が含む主な旨味成分はイノシン酸。豚肉は牛肉の約3倍のイノシン酸を含みます。鶏肉は、部位や品種によって含有量に差があり、豚肉と同程度のイノシン酸を含む場合もあります。イノシン酸は、グルタミン酸と組み合わせることで、相乗効果により旨味が数倍に強化されます。（答え：2）

旨味を料理に加える3つの方法

本章では、2章で少し触れた「旨味」についてくわしく解説します。まずは、旨味を料理に加える3つの方法をみていきましょう。

❶旨味の多い食材を使う

料理に十分な旨味を加えるには、旨味の多い食材を使うことが基本です。食材に含まれる旨味には、野菜類に含まれるグルタミン酸、肉類や魚介類に含まれるイノシン酸、きのこ類のグアニル酸、貝類のコハク酸などがあります。それぞれの食材が持つ旨味成分を理解し、適切に使いましょう。

❷旨味の多い食材を重ねる

異なる旨味成分を組み合わせることで相乗効果が生まれ、旨味が何倍にも増強されます。具体的には、グルタミン酸とイノシン酸、またはグルタミン酸とグアニル酸を組み合わせることで旨味が強く感じられます。

❸水分を詰める

料理の水分を蒸発させることで、旨味の濃度が高まります。たとえばビーフシチューは、仕上げに水分を煮詰めて旨味を際立たせます。しかし、詰めすぎると塩分が強くなりすぎるなどのリスクもあるため、タイミングや塩加減に注意が必要です。

旨味の多い食材を使う

しっかりと旨味が感じられる料理を作るためには、旨味の多い食材を使うことは基本中の基本です。旨味には種類があり、それぞれ異なる食材に豊富に含まれています。ここでは代表的な旨味成分である「グルタミン酸」「イノシン酸」「グアニル酸」「コハク酸」について解説します。

グルタミン酸：植物由来の旨味

【特徴】グルタミン酸は、主に植物性の食材に含まれる旨味成分で、食べ物

旨味の種類

グルタミン酸	主に植物性の食材に含まれる旨味成分。食べ物にまろやかさとコクを与えます。料理の土台となる旨味を作り出すため、さまざまな料理に使用されています。
イノシン酸	動物由来の旨味成分。肉や魚に含まれ、料理に濃厚な味わいを与えます。グルタミン酸と組み合わせることで、相乗効果により旨味が数倍に強化されます。
グアニル酸	キノコや野菜に多く含まれる旨味成分で、加熱や乾燥によって生まれます。グアニル酸は、他の旨味成分と組み合わせることで、料理に複雑さを加えることができます。
コハク酸	主に貝類に含まれる旨味成分。甘味や酸味を感じさせる独特の風味があります。貝類は単体で強い旨味を持つため、和食ではあさりやハマグリを使ってシンプルなだしをとることが多いです。

にまろやかさとコクを与えます。料理の土台となる旨味を作り出すため、さまざまな料理に使用されています。

【含まれる食材】玉ねぎ、にんにく、トマト、白菜、昆布などの野菜に多く含まれています。特に、昆布は和食のだしの基本となり、グルタミン酸を活かして料理全体のベースとなる旨味を作ります。また、トマトなど多くの野菜は加熱によりグアニル酸も生じ、旨味がさらに増強されます。玉ねぎやにんじん、セロリといった香味野菜は、フレンチやイタリアンでも旨味のベースを作るのに欠かせません。これらの野菜をじっくり炒めてから使うことで、旨味の相乗効果が起き、料理全体の旨味が増強されます。

イノシン酸：動物性の旨味

【特徴】イノシン酸は動物由来の旨味成分で、肉や魚に含まれ、料理に濃厚な味わいを与えます。グルタミン酸と組み合わせることで、相乗効果により旨味が数倍に強化されます。

【含まれる食材】鶏肉、豚肉、牛肉、かつお節、煮干し、甲殻類（エビやカニ）など。和食でよく使われるかつお節は、昆布と一緒にだしを取ることでグルタミン酸とイノシン酸の相乗効果が生まれ、料理全体の味が一層引き立ちます。

イノシン酸は骨やガラにも豊富で、スープやブイヨンに活かされます。

グアニル酸：キノコや野菜の旨味

【特徴】グアニル酸は野菜やキノコ類に多く含まれる旨味成分で、加熱や乾燥によって生まれます（生のキノコや野菜にはほとんど含まれていません）。グアニル酸は、他の旨味成分と組み合わせることで旨味の相乗効果を生じ、旨味の感じ方の総量を増やし、料理のコクにも貢献します。

【含まれる食材】干し椎茸、エノキ、マッシュルーム（加熱したもの）など。和食では干し椎茸がだしとして多く使われます。たとえば、味噌汁やスープに入れるだけで旨味が強化されます。また、キノコは種類を混ぜるとさらに相乗効果がえられます。たとえば、シメジとエノキを組み合わせて使うことで、グアニル酸の作用で旨味がいっそう強く感じられます。

コハク酸：貝類の旨味

【特徴】コハク酸は主に貝類に含まれる旨味成分です。貝類は単体で強い旨味を持つため、和食ではあさりやハマグリを使ってシンプルなだしを取ることが多いです。

【含まれる食材】あさり、ハマグリ、シジミなどの貝類。貝のだしは単体でも旨味が強く、他のだしと組み合わせなくても料理の味を支えられます。特に鍋料理などでは、貝の旨味がだしとして加わることで全体に奥深さを与え、満足感のある味わいになります。

旨味の種類と代表的な食材

グルタミン酸	玉ねぎ、にんにく、トマト、白菜、昆布などの野菜。 特に、昆布は和食のだしの基本。また、玉ねぎやにんじん、セロリといった「香味野菜」は、フレンチやイタリアンでも旨味のベースを作るのに欠かせません。
イノシン酸	肉：鶏肉、豚肉、牛肉など。 海産物：かつお節、煮干し、甲殻類など。 イノシン酸は骨やガラにも豊富で、スープやブイヨンに活かされます。
グアニル酸	干し椎茸、エノキ、マッシュルームなど。 和食では干し椎茸がだしとして多く使われます。たとえば、味噌汁やスープに入れるだけで旨味が強化され、風味が増します。また、キノコは種類を混ぜるとさらに相乗効果がえられます。
コハク酸	あさり、ハマグリ、シジミなどの貝類。 貝のだしは単体でも旨味が強く、他のだしと組み合わせなくても料理の味を支えられます。

CHAPTER 08

2

旨味の相乗効果を活用する

QUESTIONNAIRE

かつお節との組み合わせで旨味がパワーアップする食材は？

1. 煮干し
2. 昆布
3. 鶏肉

旨味を強く感じさせるためには、旨味成分を含む食材を使うだけでなく、異なる種類の旨味成分を含む食材を重ね合わせることが重要です。和食でよく使われる「昆布とかつお節」のだしは、まさに旨味の相乗効果を利用した例です。昆布のグルタミン酸とかつお節のイノシン酸を合わせると、単独では感じられない強い旨味が生まれます。（答え：2）

旨味の相乗効果

旨味を強く感じさせるためには、単に旨味成分を含む食材を使うだけでなく、複数の異なる種類の旨味成分を含む食材を重ね合わせることが重要です。

この「旨味の相乗効果」により、旨味の感じ方が一気に強まり、料理全体がさらに奥深い味わいに仕上がります。それでは、具体的な重ね合わせの方法やその効果について見ていきましょう。

旨味成分の組み合わせルール

前述の通り旨味には「グルタミン酸」「イノシン酸」「グアニル酸」「コハク酸」といった種類があり、それぞれ異なる食材に含まれています。

旨味を組み合わせる際には、「異なる成分を持つ食材」を重ねることが効果的です。

・グルタミン酸：主に野菜や昆布などに含まれる
・イノシン酸：肉や魚、かつお節などの動物性食材に多い
・グアニル酸：干し椎茸などのキノコ類に豊富
・コハク酸：主に貝類に含まれるが、相乗効果はありません

相乗効果を最大限に発揮するためには、次のように異なる旨味成分を組み合わせることが重要です。

・グルタミン酸 × イノシン酸
・グルタミン酸 × グアニル酸

たとえば、昆布のグルタミン酸とかつお節のイノシン酸の組み合わせは、和食の基本である「合わせだし」に用いられ、強い旨味が引き出されます。じつは、洋食だしも同じ組み合わせの旨味で作られています。

このような組み合わせを意識すると、料理に深みが生まれ、食材が単独で

持つ旨味以上の味わいが楽しめるようになります。

和食の合わせだし

和食でよく使われる「昆布とかつお節」のだしは、まさに旨味の相乗効果を利用した例です。昆布のグルタミン酸とかつお節のイノシン酸を合わせると、単独では感じられない強い旨味が生まれます。たとえば、味噌汁や煮物にこの合わせだしを使うと、野菜や豆腐などの素材自体の風味も引き立ち、全体として奥深い味に仕上がります。

肉と野菜で作る洋食のだし

牛肉（イノシン酸）の骨と香味野菜（グルタミン酸）を合わせることで、味に厚みとコクが生まれます。たとえば、玉ねぎ、セロリ、にんじんといった香味野菜を加えることで、野菜のグルタミン酸と肉のイノシン酸が掛け合わさり、濃厚なスープができあがります。

重ね合わせによる味の変化

旨味の重ね合わせは料理に「厚み」、奥行きある味わいを作り出します。たとえば、肉のみによるスープではどこか単調で、肉の旨味だけが感じられる「平面的」な味わいになりがちです。しかし、ここにグルタミン酸を含む玉ねぎやトマトを加えることで、イノシン酸との相乗効果が生まれ、味に多層的な厚みが加わります。

さらに、キノコ類を合わせると、グアニル酸の効果で旨味が増し、複雑な香りとともにより奥行きのある味わいが得られます。たとえば、干し椎茸を入れた煮物やスープは、キノコの旨味と香りが料理全体を引き立て、深いコクを作り出します。

旨味重ねの注意点と工夫

しかし、複数の旨味食材を重ねるといっても、「重ねれば重ねるほどおいしくなる」わけではありません。たとえば、野菜と肉、キノコをすべて合わせて煮込むと「おいしいけれど何を食べているかわからない」という印象の料理になってしまいます。

ポトフ

肉、野菜、ベーコンなど、複数の食材を煮込むことで、複雑な旨味を楽しむ料理です。しかし、主役の肉に比べて野菜が多すぎたり、香りの強いベーコンを入れすぎたりすると、味がぼけてしまいます。

トマトソース

トマト、玉ねぎ、ニンニク、ベーコンなどを煮込んで作るパスタソースは、それぞれの食材から出る旨味が重なり合い、深い味わいを生み出します。しかし、ベーコンやニンニクが多すぎるとバランスが狂ってしまいます。

CHAPTER 08

3

旨味を凝縮させるテクニック

QUESTIONNAIRE

しっかり煮込んだソースやシチューがおいしいのはなぜ？

1. 風味が強まるため
2. 旨味の濃度が高まるため
3. 具材がスープに溶け出すため

加熱による化学反応（風味が強まる）や食感の変化（具材がスープに溶け出す）も重要ですが、水分を煮詰めることで旨味の濃度が高まることが大きく影響しています。この方法はシンプルながらも効果的で、フレンチやイタリアンのソース作りなどでもよく使われています。（答え：2）

旨味の濃度を高める

料理で旨味を強く感じさせるために使えるテクニックのひとつが「水分を詰める」方法です。これは料理の中の水分を蒸発させることで、全体の旨味の濃度を高め、風味を凝縮させる調理技法です。

この方法はシンプルながらも効果的で、フレンチやイタリアンのソース作りなどでもよく使われています。それではくわしく見ていきましょう。

旨味を凝縮させる基本原理

水分を詰めるとは、料理の液体成分を加熱によって蒸発させ、残った成分の濃度を上げることです。

味覚は水溶液の濃度に敏感で、旨味や塩分が溶け込んだ液体が濃くなるほど、味が強く感じられるようになります。具体的には、玉ねぎなどから出た旨味を含むスープを煮詰めることで、野菜や肉から出た旨味成分が濃縮され、味に厚みが生まれます。

ビーフシチュー

ビーフシチューの例で考えてみましょう。シチューの煮込みが終わった後に、全体を煮詰めることで旨味が濃縮され、コクが増します。

ここで注意が必要なのが塩分や甘味、旨味などの成分は蒸発しない点。とくに、塩味が強くなり過ぎることに注意しましょう。

シチューを詰める際には、はじめは塩味を控えめにしておきましょう。途中でしょっぱくなりすぎたら後戻りはできません。塩味の調整は煮詰めた後で行うのが無難です。

水分を詰める際の注意点

水分を詰めるときは、以下の点に気をつける必要があります。

塩味の調整

前述の通り、煮詰める前に塩味を決めてしまうと、詰めた後に塩味が強くなりすぎるリスクがあります。そのため、塩は最終的な濃度が決まった後で、少しずつ調整しながら加えるのが理想的です。たとえば、ビーフシチューの調理中に「薄い」と感じても、塩を追加せず、煮詰めてから再度味見をすることで塩の入れすぎを防げます。

具材の状態の維持

野菜や肉を煮込んでちょうど良い状態になった後に、さらに水分を詰めるための長時間の加熱を続けると、具材が崩れたり、硬くなってしまう可能性があります。

こうした場合には、具材を一度取り出し（または液体のみをとりだし）、液体のみを煮詰めてから全体を合わせることで、最適な状態を保ちながら旨味を凝縮させることができます。

フランス料理のソース

フランス料理では、ソース作りで「詰め」を活用することが非常に多いです。たとえば、赤ワインソースやデミグラスソースは、ベースのスープストックやワインを煮詰めて生じた、濃厚な旨味を利用して作られます。「3分の1まで煮詰める」などと指示するレシピもありますが、重要なのは、ソースを味見して、「旨味の濃度が目標に達した」と感じられるまで詰めることです。

水分を詰めることで失われる風味

煮詰めると風味が揮発により減少します。また、香りも変化します。そのため、香りを保ちたい料理では注意が必要です。たとえば、和食ではだしの風味が重要であり、あまり煮詰めずに仕上げることが多いです。

一方、フレンチでは、煮詰めた後で香りを調整するために、フレッシュな素材をソースに再び投入することもあります。

水分を詰めることは、シンプルでありながら、料理の味わいに大きな違いをもたらす技法です。水分を飛ばして旨味を凝縮することで、奥深い風味が引き出され、コクが増します。料理の最終的な味を確認しながら、煮詰め具合を調整することは、プロの料理人が行う旨味のコントロール法です。

CHAPTER 09

素材を活かす塩の法則

CHAPTER 09

1

塩分濃度の基礎知識

QUESTIONNAIRE

汁物の適切な塩分濃度は次のどれ？

1 0.7％

2 0.9％

3 1.2％

人がおいしく感じる基本的な塩分濃度は、食材や料理の重さに対して0.9％から1％だとされています。この塩分濃度にすることで、食材の持つ旨味、甘味、風味が最大限に引き出されます。しかし、料理の種類によって適切な塩分濃度は変わります。たとえば、汁物の場合は少し低めの0.7％が望ましいとされています。汁物を0.9％の濃度で作ると、一口目はおいしくても飲むにつれて塩分が積み重なり、味が強すぎると感じることがあるからです。（答え：1）

本章では、塩について解説します。前提として皆さんに知っていただきたいのは、塩と旨味はセットだということ。せっかく旨味を引き出す努力をしても、塩を適切に使わなければその旨味は十分に感じられません。

おいしく感じる塩分濃度は0・9%

まず、料理をおいしくするための基本的な塩分濃度を知っておきましょう。人がおいしく感じる基本的な塩分濃度は、食材や料理の重さに対して0・9%から1%だとされています。この塩分濃度にすることで、食材の持つ旨味、甘味、風味を最大限に感じることができます。

なぜ、この塩分濃度が良いのでしょうか?

じつは、人体の組織液、つまり体内の塩分濃度は約0・85%です。これが高すぎても低すぎても、人は体調を崩してしまいます。たとえば、塩分が高すぎると高血圧やのどの渇きを感じますし、低すぎると熱中症や脱水症状を引き起こしやすくなります。

このように人間の体は、0・9％前後の塩分濃度が自然で無理なく摂取できるようにできています。この0・9％の塩分濃度を意識することが、料理で一番おいしいバランスを作る基本になります。

塩を加減する

ステーキやハンバーグのように調理後も重量が変わりにくい料理であれば、重量の0・9〜1％を塩として入れれば、ちょうど良い塩加減になりますが、多くの場合は味見をしながら塩決めを行うことが必要です。

また、汁物や煮込み料理などで煮詰めると塩分が濃縮される場合には、最初は塩を控えめにすることが大切です。（塩決めについては52ページ、煮詰めについては134ページを参照）

塩の種類による違い

塩によって塩味が異なることにも注意が必要です。精製塩は塩辛さが強く、

塩分濃度の基本は0.9%

0.7 %	みそ汁などの汁物は 0.7%くらいが適切。
0.85 %	人体の組織液、つまり体内の塩分濃度。これより高すぎても低すぎても、人は体調を崩してしまう。
0.9 %	人が最もおいしく感じる塩分濃度は、0.9 %（～1 %）だとされている。
1.2 %	カレーの塩分濃度は 1.2 %。カレーはご飯やナンと一緒に食べるので、高めの塩分濃度でちょうどいい。
1.2 ～ 2.0%	フランス料理のソース。1.2 ～ 2.0%と幅がある。
3 ～ 4 %	とんかつなどにかけるソースの塩分濃度。しょう油よりもたくさんかけられるのは、塩分濃度が低いため。
15 ～ 18%	しょう油の塩分濃度は約 15 ～ 18%と高い。たくさんかけなくても少量で塩味を感じられるのはこのため。

天然塩はまろやかな塩味です。料理に合わせて塩の種類を選ぶことで、よりおいしく仕上げることができます。

他の材料が含む塩分

塩だけでなく、しょう油、味噌、だしなど、他の調味料とのバランスも考慮することが大切です。これらの調味料にも塩分が含まれているため、全体の塩分量を調整する必要があります。

汁物やソースの塩分濃度

料理の種類によって適切な塩分濃度が異なることにも注意しましょう。たとえば、みそ汁などの汁物の場合は0・9％ではなく、もう少し低めの0・7％が望ましいとされています。汁物を0・9％の濃度で作ると、ひとくちめはおいしくても、飲みすすめるうちに、味が強すぎると感じることがあるからです。

しょう油やソースの塩分濃度

日本料理に欠かせないしょう油の塩分濃度は約15％ですが、たくさんかけなくても少量で塩味を感じられるのはこのためです。一方で、とんかつにかけるソースは塩分濃度が3％から4％程度なので、たっぷりかけても塩辛く感じにくいわけです。

また、料理の塩分を調整する際に「味のピーク」を考えることも重要です。これは、食材と調味料が一緒に食べた時にそれぞれのおいしさが調和し、ちょうど良い味のバランスが取れる瞬間のことです。

たとえばめんつゆは、それだけで飲むと濃く感じますが、そばと一緒に食べると調和しておいしいと感じますよね。これが「味のピーク」です。こういった感覚を意識して、料理に合わせて塩加減を調整しましょう。

CHAPTER 09

2

塩がなければ
旨味は感じない

QUESTIONNAIRE

旨味を感じやすいのは次のどれ？

1 できるかぎり薄塩のスープ
2 ほどほどに塩味のあるスープ
3 塩をまったく使わないスープ

塩をまったく使っていない、また、塩が十分に効いていない状態では、スープの旨味を十分に感じることはできません。旨味と塩味は、バランスが肝心。しっかりとした旨味があるなら、塩味もしっかり効かせましょう。

お店のラーメンのような、濃い旨味があるスープでは、塩味もそれなり以上に濃い方が、しっかりと旨味を感じることができます。これが「塩辛いけどついつい全部飲めてしまう」ラーメンスープの秘密です。（答え：2）

旨味を引き出す「塩の法則」

十分な塩分がないと食材の旨味がうまく感じ取れないことも、料理における重要なポイントです。

シェフクリエイトの授業では、かつおと昆布から取っただしを使って、最初は塩を加えずに味を確認します。すると香りは良いのですが、味に深みが欠けて感じられることがあります。ここに少しずつ塩を足すと、あるポイントで急にかつおの旨味がはっきりと感じられるようになります。さらに塩を加えすぎると逆に旨味が消えてしまいます。こうして、塩が料理に与える影響を実感できるのです。

味の特徴のバランスが変わる瞬間が確実にあります。めんつゆもそうです。かつおと昆布でだしを取っておしょう油を入れて塩で味を調える。おいしいと思ったらまだです。後味にかつおの酸味と塩の味が残ってちょうどいいですから。ここまで意識してもらえると良いと思います。

旨味のピークを確かめる練習

読者のみなさんも、少しずつ塩を入れながら味の変化を確かめてみてください。途中で味が分からなくなることがありますので、塩を入れない状態で別の容器にだしを取り分け、元の味に戻れるようにしておきましょう。こうすることで塩を入れ過ぎても戻れますし、元々の味も分かります。変化の振れ幅も分かります。

ラーメン屋さんのお悩み解決

塩味と旨味のバランスは、プロにとっても難しい問題です。シェフクリエイトに学びに来たあるラーメン屋さんは「何か物足りない」という悩みをかかえていました。スープやチャーシュー、麺などすべての素材にこだわり抜いた自信作なのに、なぜか満足できないのです。

じつは原因は、「塩分の不足」。良い素材を重ねた分、旨味が多いため、塩パンを加えないとバランスがとれないのです。適正な塩分濃度を学び、塩加減を調整したことで理想の味を実現することができました。

塩分濃度と旨味の法則

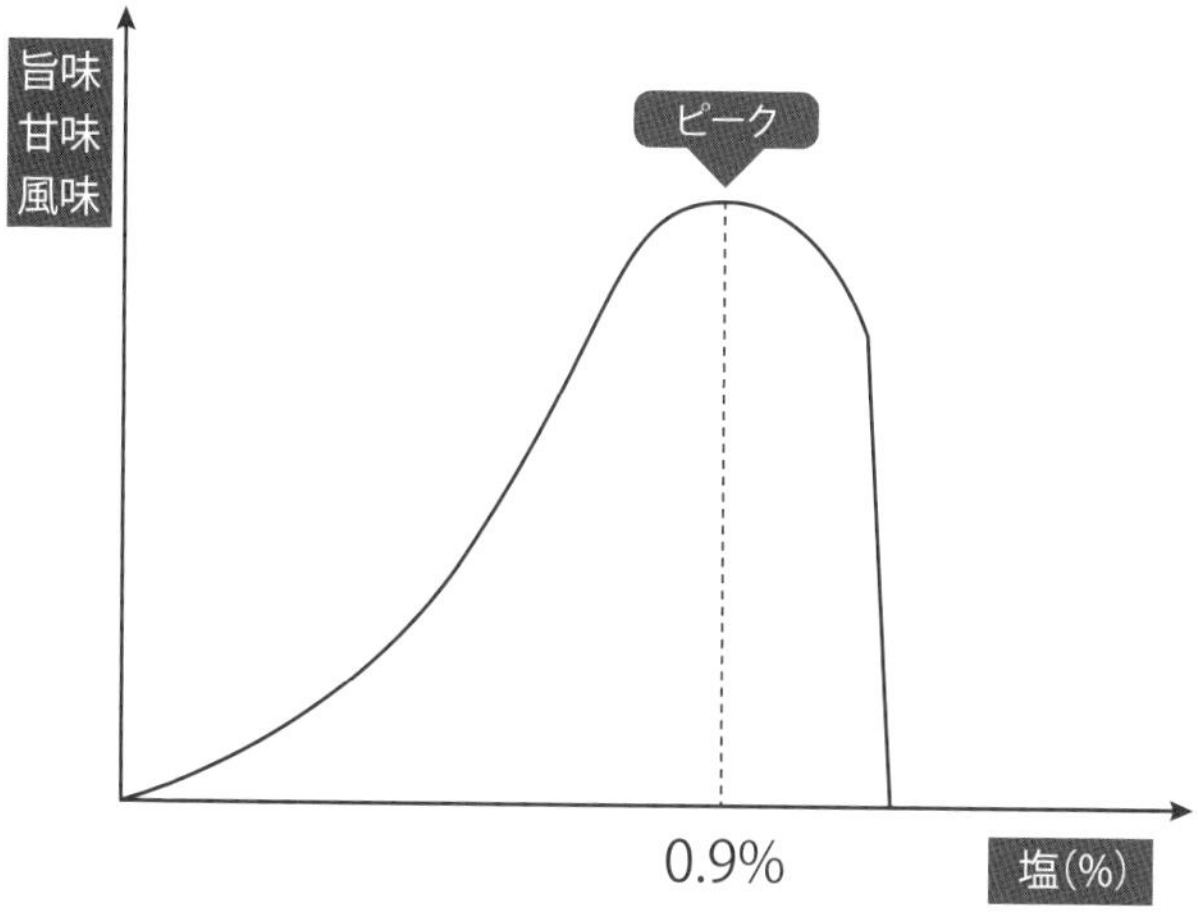

適正な塩の量 = 料理の重量 × 0.9〜1%
(例外的な塩の適正値…汁物 =0.6〜0.8%、ソース =1.2%)

塩分は、適切な塩辛さを実現するだけでなく、旨味を感じるためにも必要。塩分が足りないと、旨味も感じられない(グラフの左側)。逆に、塩分濃度が高すぎても、旨味は感じられなくなる(グラフの右側)。甘みや風味も同様。

体調や活動量で変わる「塩の感じ方」

塩分に対する感じ方は、食べる人の体調や食べる日の活動量によっても変わります。

たとえば、運動や仕事で汗をたくさんかく日は、体から塩分が多く失われるため、少し多めの塩分が心地よく感じられます。逆に、あまり動かない日や体調が優れない日には、薄味が好まれる傾向があります。食べる人の状況に合わせて、塩加減を微調整することも、料理の楽しみのひとつです。

料理に応じた塩分濃度

さまざまな料理で適切な塩分量は異なります。たとえば、漬物やパテなどの保存食では塩分濃度が1・4%と少し濃い目になります。フレンチのソースも、素材と組み合わせたときに味がぼやけないよう1・2%以上に設定します。塩の役割を理解し、料理に応じた塩分濃度を工夫することで、よりおいしい料理を作れるようになるのです。

塩の種類と使い分け

食塩には海塩、岩塩、湖塩などいくつかの種類があります。これらから不純物を取り除いた精製塩も料理でよく使われます。

このうちミネラル分が多く含まれる塩は海塩です。岩塩は99％がナトリウムでほとんどミネラル分は入っていません。一方、海塩に入っているミネラルの含有量は20％ほど。海塩の濃度を0・9％に調整したとすると、そのうちの約0・2％がミネラルとなります。

天然塩と精製塩の使い分け

私はカレーに使う塩は精製塩を選びます。海塩などの天然塩も悪くはないのですが、いつもと同じ量の塩を入れたのに味がぶれてしまう、ということがありがちです。その点精製塩は、99％がナトリウムなので味がぶれないから使いやすいのです。

一方、漬物や鶏のスープを作る時は海塩を選びます。海塩の中のミネラル分の微妙な苦味や甘味がシンプルな料理の味によく合うからです。

カレーのように旨味が強くて味のバリエーションがたくさんある料理では精製塩、天然塩のどちらを使っても、味の差は出ません。味の差が出るものは海塩を使い、差が出ないものは精製塩にした方が楽です。もちろん海塩を使っても問題ありませんが、その場合は同じ銘柄の塩を使うことをおすすめします。

岩塩は食感を楽しめる

ちなみに岩塩はどういうシーンで使うかというと、岩塩は塩の粒が大きく噛み締めるときにジャリジャリして最後まで舌の上では溶けません。

ステーキに振って食べるとジャリジャリした食感が楽しいのと、最後まで塩が口の中に溶け込まず、唾液の濃度が上がらないので、塩のあたりが柔らかくなります。

塩の種類と特徴

海塩	海水を原料とする塩。世界で最も一般的な塩であり、日本でも、古くから海水で塩が作られてきた。 天日塩：太陽と風の力で自然乾燥させて作る。まろやかな味わいが特徴。ミネラルが豊富。 釜炊き塩：海水を釜で煮詰めて作る。結晶の大きさが均一で使いやすい。
岩塩	岩石から採掘される塩。海水が地殻変動で陸に閉じ込められ、長い年月をかけて結晶化したもの。 ピンク岩塩：鉄分を多く含む岩塩。ピンク色で、鉄分による独特の風味がある。 ブラック岩塩：硫黄成分を多く含む岩塩。黒色で、硫黄による独特の風味がある。
湖塩	塩湖の湖水を原料とする塩。アンデス山脈などの高地にある塩湖が主な産地。まろやかな塩味で、甘みを感じるものも。ウユニ湖、グレートソルト湖などの湖塩が代表的。
精製塩	海塩などを精製して不純物を取り除いた塩。塩化ナトリウムの純度が高い。しょっぱい味が強く、用途が広い。

CHAPTER 10

世界一長い ハンバーグのレシピ

CHAPTER 10

1

ハンバーグの作り方で知識を再整理

この章では「ハンバーグ」をテーマに学びます。1章から9章でお伝えした内容を、具体的な調理の手順を追いながら確認しましょう。たとえば第7章で紹介した「逆算の3ステップメソッド」。ゴール（理想のハンバーグ）を設定するところから、旨味の構築方法を計画し、材料と調理法を選択する一連の流れを追うことで、理論と実践のつながりを実感してください。また、トマトソースをゼロから作る工程を通じて、素材で旨味を作ることの大切さをあらためてお伝えしたいとも考えています。

◎ハンバーグ：おいしさを肉の中にしっかりとどめた「肉汁があふれない」ハンバーグを作ります。

◎トマトソース：トマトや玉ねぎ、にんにくなどシンプルな材料で、トマトソースをゼロから作ります。

世界一長いハンバーグのレシピ

この章では「ハンバーグ」をテーマに学びます。1章から9章でお伝えした内容を、具体的な調理のプロセスを通じて復習しましょう。

肉汁があふれないハンバーグ

本書のまとめとしてこれから作るハンバーグは、肉汁が肉の中にとどまっているハンバーグです。フォークを入れた瞬間に肉汁があふれるハンバーグを好む方もいらっしゃいますが、肉汁が出るということは、おいしい成分まで出てしまっているということ。ここでは、「おいしさがお肉の中にしっかりととどまっている」ハンバーグを作っていきます。

トマトソースをゼロから作る

これから作るトマトソースは、お店で出せるくらいのレベル。しかし、材料はシンプルで、トマトペースト、玉ねぎ、にんにく、ミニトマト、タイム、ローリエ。味付けは塩だけです。

ぜひ、このソースの作り方を理解してほしいと思います。しっかりと手間をかけることを知らないと、普段の料理で何を短縮できるのかがわかりません。本質的なことを理解しておくと、何が大事なのかが見えてきます。

ゼロベースでトマトソースを作るコツがわかれば、普段の料理で「何か物足りない」と悩むことがなくなってきます。

にんじんのロースト

ハンバーグのつけわせに、にんじんのローストも作ります。にんじん1本を8等分にします。これにバターとレモンを軽く絞ってオーブンで柔らかくなるまで焼いて、最後にフライパンに移して焼き色をつけます。オーブンを使った焼き野菜は難しいというイメージを持たれがちですが、そうでもありません。

ご家庭の料理では、ひとつの調理手順で全てを完結しようとしてしまいがちです。しかしこれを「オーブンで中まで火を入れる」「フライパンで焼き色をつける」の2つの作業に分けると失敗しにくくなります。200℃のオーブンで30〜40分くらい焼くとにんじんは柔らかくなります。オーブンに入れて置いておくだけです。

オーブンは、サウナをイメージしてください。普通のガスオーブンも100℃に設定したら、100℃のサウナと同じです。人間なら10分くらいは耐えられます。150℃くらいのサウナだとしても、頑張れば人間でも30秒くらい耐えられると思います。でも150℃の鉄板は触った瞬間に火傷します。オーブンは熱の伝わり方がとてもゆっくりなのです。

野菜が柔らかくなるのは80℃以上からなので、100℃のサウナに置いていてもなかなか80℃になりません。200℃のサウナに入れたら、にんじんの内側もすぐに80℃になって、火が入っていくとイメージしてください。逆に、にんじんが硬くなる温度帯もあり、これは60〜70℃です。ゆっくり火を入れると柔らかくなりません。根菜類は高温の方が調理しやすいのです。

トマトソース❶ 玉ねぎを炒める

まず、トマトソースの玉ねぎとにんにくを炒めていきます。オリーブオイルににんにくを入れて加熱していきます。玉ねぎとにんにくは同時に入れません。理由はにんにくと玉ねぎを同時に入れてしまうとお互いの酵素が触れ合い、悪い酵素反応をおこして、にんにく臭さ、玉ねぎ臭さが残り、最悪、色が緑色になってしまうからです。こうなってしまうと臭みは加熱し続けても取れません。

酵素は約80℃で失活していきます。泡が立つまでとか香りが立つまでと言いますが、泡が立つのは水分が沸騰していて、80℃以上になっている証拠です。全体的に泡が立ってきたら、スライスした玉ねぎを入れます。酵素が失活してから玉ねぎを入れていきます。玉ねぎとにんにく、どちらから入れてもいいのですが、にんにくの方が量が少ないので最初に入れました。にんにくを入れて、泡がたくさん出てきたら約100℃です。酵素は失活しているので、玉ねぎを入れ、塩を入れます。トマトソースに入れる玉ねぎなので、焼き色がついても問題ありません。

トマトソース❷トマトペーストを加える

炒めたにんにくと玉ねぎにトマトペーストを入れます。トマトペーストはトマトピューレやホールトマトを裏ごしして煮詰めたものです。トマトピューレを1／3から1／6くらいまで煮詰めると、調味料が何も入ってないのに、濃厚な味わいになります。

トマトペーストは、ホールトマトよりも酸っぱい味が弱くて甘味があり、深い味わいです。味に深みを出したい時に使うと便利です。たとえばカレーを作る時、トマトを入れると酸っぱくなることがありますが、トマトペーストを使えば解消できます。

トマトペーストに少量の水を入れて溶くだけでも、おいしいトマトソースができます。味付けをしたければ、スパイスや黒胡椒を入れるだけで、本格的な味わいになります。今回のトマトソースはスライスした玉ねぎを使いましたが、みじん切りの玉ねぎで作ってもいいでしょう。

次に、ローリエとタイムを入れます。タイムは野菜料理や肉料理、魚でも使える汎用性の高いハーブです。5〜10分ぐらい加熱して取り出し、網でこして液体だけを抽出します。これがソース作りです。

洋食のソース作りは「濃縮して、水を入れて還元して、また濃縮する」この作業の繰り返しです。デミグラスソースも、この作業を4〜5回繰り返すと複雑な味ができあがります。このあと煮詰めて塩で味を整えたら完成です。

ハンバーグ❶肉とスパイス

ハンバーグは一般的な材料で作ります。牛赤身と豚挽肉の割合は7対3。塩、黒胡椒、オールスパイスを使います。塩は全体の重量の0・8%くらいにし、黒胡椒とオールスパイスでハンバーグの味に深みをつけていきます。

オールスパイスは肉の風味に奥行きをつけます。ミックススパイスと勘違いされることがありますが、その理由はオールスパイスがナツメグやシナモン、クローブなどの香りが合わさったような香りがするからです。

オールスパイスはハンバーグ以外にも、香りが強い肉、牛肉やラム肉に合わせたり、甘い香りがするクッキーに合わせたり、いろいろな使い方ができます。オールスパイスは汎用性が高くとても便利です。

そのほかの材料はパン粉、牛乳、玉ねぎ、バターです。

ハンバーグ❷ 肉のこね方

肉を練るポイントを確認していきます。まず、肉をこねる目的は、肉同士をくっつけるため。肉に塩を入れると浸透圧が働いて、肉の水溶性タンパク質が溶け出します。これを練り込むことによって、タンパク質が複雑に絡み合い、いわゆる粘り気になります。さらに肉を練っていくと糸を引き、網目構造が作られます。

ポイントは、塩を入れて20℃以下の温度の状態で練ることです。温度が25℃以上になると網目構造ができないので、焼くとボソボソと崩れてしまいます。挽肉を扱う時は必ず温度を低い状態に保ってください。これはハンバーグに限らず餃子、つくね、ミートローフ、ロールキャベツなどでも同様です。肉を練る時に最初に入れていいのは、塩とスパイス類、卵です。粘り気が出てきて肉同士がくっついてきたら他の具材を入れます。網目構造や粘り気の間に具材を入れ込んでいく、そんなイメージをもつといいでしょう。

ハンバーグ❸卵のはなし

卵は、卵白も卵黄も、それぞれつなぎとしての役割があります。卵白のアルブミンという成分が、肉同士をくっつけるサポートをします。適当に練ったとしても肉同士をしっかりくっついて崩れにくくしてくれるので、ハンバーグに卵白を入れると失敗が少ないのです。また、卵黄のレシチンという成分が、油と水分を滑らかにつなげて食感を良くします。

一般的なレシピは、挽肉400gにつき卵を1個使いますが、今回のハンバーグは1/4個しか使いません。なぜなら「目指すハンバーグの食感」と、卵の火が通るタイミングが異なるからです。肉は50℃から火が通り始めて、60℃で中心部まで加熱されます。60℃以上になると肉が硬くなっていきます。ハンバーグとしておいしく食べたいのであれば、60～65℃ぐらいに調節すると、ジューシーな「目指すハンバーグの食感」ができあがります。

しかし、卵は全卵だと60℃から火が通り始めて80℃で完全に固まるので、卵の加熱温度に照準を合わせると肉が硬くなってしまうのです。今回は肉に照準を合わせつつ、ハンバーグを割れにくくしたいので、卵の量を少なくしました。少量の卵であれば、水っぽさが気にならないので、名脇役としての卵の使い方ができます。

基本的に、ハンバーグの中心温度が70℃前後になるフライパンだけを使った調理や、煮込みハンバーグなど長時間加熱する料理であれば、卵を入れた方が柔らかくおいしくなります。卵はしっかりと加熱された状態でも目玉焼きのように柔らかい仕上がりになりますが、肉は加熱し過ぎるとカチカチで噛み切れないくらい硬くなります。加熱し過ぎたとしても、卵が入っているとハンバーグが硬くなるリスクは少ないのです。これがハンバーグに卵を入れる理由になります。

ハンバーグ❹パン粉、玉ねぎ、バター（油）

パン粉は肉がくっつきすぎないようにする役割があり、柔らかな食感が生まれます。パン粉を牛乳に浸すことが多いですが、乾燥パン粉は肉汁を吸いきれないことがあるため保湿をしておきます。牛乳を使う理由は、牛乳には「ラクトン」という和牛に多く含まれる香りがあり、牛肉の風味に奥行きが出せるためです。他の液体でも代用可能で、たとえば昆布だしにはグルタミン酸が含まれ、肉のイノシン酸との相乗効果を狙うことができます。

玉ねぎを炒めるかは好みによります。炒めない場合はシャキッとした食感が加わり、ハンバーグの食感にバリエーションが生まれます。人は同じ食感が続くと食べ飽きやすくなりますが、シャキッとした食感があるとそれを防ぐことができます。また、フレッシュな玉ねぎの香りによって爽やかさも加わります。逆に、しっかり炒めた玉ねぎを使うと、より深い風味のハンバーグを作ることができます。爽やかさと味の深みのどちらを狙って作りたいかは、好みで決めてください。両方を使っても問題ありません。ただし、炒めた玉ねぎを使う場合は、熱いまま入れると温度が20℃以下に保てないため、必ずしっかり冷ましてから使用してください。

肉料理のジューシーさを出すために、ひき肉に油分を加えます。洋食ではあまり見られませんが、中華料理ではよく行われていて、餃子や小籠包などではラードを練り込んだりします。バターを使う理由は、グルタミン酸が含まれており、肉のイノシン酸と旨味の相乗効果を狙っているからです。またバターの香りを加えることで、肉の風味に奥行きを持たせることができます。

ハンバーグとソースの塩分濃度

塩を加えると、食材が持つ「旨味」「甘味」「風味」の3つの感覚を強く感じ取れるようになります。塩の量については、食材や料理の重量に対して0・9〜1％程度の塩を振ると、単体で食べてもおいしい状態になります。この塩分濃度が最も「旨味」「甘味」「風味」を感じやすいと言われています。

たとえば、すいかやトマトに塩を振ると甘みが増すように感じますが、これは塩分が食材の味を引き立てているためです。塩分濃度0・9％が良いとされる理由は、人の体液の塩分濃度が約0・85％であることに関係しています。この塩分濃度に近いとおいしく感じやすいのです。

ただし、毎回の料理で塩分を正確に計るのは面倒ですし、必ずしも0・9〜1％が絶対ではありません。塩分濃度はあくまで目安として考えてください。たとえば、油が多い料理では、油が塩分を覆ってしまい、塩味を感じにくくなることがあります。そのため、塩を1％を振ったのに味がしないこともあります。

たとえば、ステーキの場合、肉100gに対して1gの塩を使用すればおいしくなります。唐揚げも同様に、トータルの重量に対して塩分が1％程度であれば、単体でおいしくなります。しかし、スープや汁物の塩分濃度は0・7％前後ですし、ソースに関しては1・2％ほどです。

この振れ幅の違いは、どれだけ食べるかによります。スープは100ml前後を飲むため、一口でおいしいというよりも、全体を飲んでおいしいと感じることが重要です。そのため塩分濃度は若干低めに設定します。一方、ソースは単体でおいしいというよりも、何かと一緒に食べておいしいと感じることが重要なので塩分濃度を高くします。この考え方は難しいかもしれませんが、イメージを持っておくことが大切です。

ソースの塩分濃度は、単体での味付けよりも、一緒に食べたときの味を基準に判断します。単体で味見して正解を探すのは慣れるまで難しいので、ソースの塩分が適切かどうか迷ったら、実際に料理につけて食べて判断しましょう。

ハンバーグ❺焼く

フライパンで合計で2分間くらいかけ、両面に焼き色をつけていきます。ここでは、こまめにひっくり返しながら焼いていくのがポイントです。よく「片面1分、裏返して1分」などと言われますが、片面から火を入れすぎてしまうと身が縮んでそこから割れてしまいます。68℃ぐらいになると、コラーゲンが縮みはじめるため、肉は最大1／3まで縮んでしまいます。そのため、まんべんなく焼き色をつけながら火を入れ、バットに移して休ませます。

数十秒焼くと、たとえば外側は60～70℃、中心はまだ30℃というような状態になります。かなりムラがある状態です。このまま焼き続けると表面ばかりに火が入り、肉がカサカサになってしまいますので、アルミホイルをかぶせて中心との温度差を小さくしていきます。温度の目安は表面と中心の温度を足して2で割ったくらいにします。たとえば、表面が60℃で中心が30℃だったら、45℃前後になるまで休ませます。そして、そこから150℃のオーブンで12〜13分、ゆっくりと温めると、目標とする65℃弱まで持っていけます。

フライパンに使う油は多めの方が焼きやすいです。焼き色をつけることが目的なので、フライパンはしっかり予熱しておきます。家庭のキッチンだとおそらく250℃が限界でしょう。しっかり熱したフライパンで10秒ぐらい焼いたら、フライパンのヘリを使ってひっくり返します。その時、フライパンを傾けると、ハンバーグの側面の部分に焼き色をつけやすいです。

フライパンひとつで調理する時も、焼き色をつけることと中まで火を入れることを分けて考えましょう。焼き色をつけて休ませておく、ここまでは同じですが、フライパンひとつの場合、その後は弱火にし、フタをして蒸し焼きにします。その時も下側と上側で熱の伝わり方が違うため、2分ごとにひっくり返します。余熱を入れるために、熱が逃げないようにアルミホイルをかぶせて保温します。ハンバーグが42～43℃に落ち着いたら、ここからさらに加熱していきます。

トマトソース❸塩決め

トマトソースの塩決めは、塩味ではなく甘味を軸にします。塩を0・4％振ったものを味見すると、酸っぱさがほどけて甘く感じます。さらに塩を加えるとだんだん甘さが際立ってきて、トマトの酸味を感じにくくなります。

塩分のピーク付近になってくると、旨味を強く感じるようになります。これが余韻です。食べた後にどれだけ味が残るかを判断基準にします。そして、塩分のピークを超えると、塩分以外の味の要素が下がってしまいます。甘味が下がるため酸っぱさが戻り、旨味も下がるため余韻も短くなります。

理論を理解しても、実際に適切な塩分濃度を判断するには日々の積み重ねが必要です。まず、味が物足りない時にすることは煮詰めること。味が薄いのは、単に味の密度が低いということなので水分を飛ばすとおいしくなります。それでも整わない時は塩が足りていない可能性が高いです。

次に、コーンスターチを入れてとろみをつけていきます。コーンスターチを使うメリットは、時間が経ってもとろみを維持しやすいこと。家庭ではよく片栗粉が使われるかと思いますが、片栗粉は時間が経つと緩くなりやすいです。

コーンスターチと片栗粉は固まる温度も異なります。コーンスターチは80℃以上で固まるため、少し沸騰している状態でないと固まりません。一方、片栗粉は50～60℃で固まります。スプーンにすくって垂らした時にボトボト落ちないならないくらいのとろみになればOKです。

ハンバーグ❻仕上げ

オーブンに入れたハンバーグの中心が63℃くらいになりましたので、仕上げていきます。ソースができあがるまで、このままオーブンの中で保温しておきます。

コーンスターチを入れすぎるとソースが煮詰まってしまうので、水入れて調整してください。これだけでも十分おいしいのですが、軽くトマトを炒め加えてフレッシュな風味を入れるとさらにおいしくなります。

風味はピラミッド型で表せます。香水のトップノートが香水をつけた瞬間の香り、ミドルノートが香水の中心となる香り、ベースノートは余韻となる香りのように、トマトソースも同様に、ベースは最初に炒めたニンニクと玉ねぎ、ミドルがトマト、トップはトマトの青っぽいフレッシュな香りですが、煮詰めていくと飛んでしまうので最後に加えるのがコツです。これは、どんな料理でも同じです。

たとえば、市販のパスタソースが何か物足りないと感じてしまう理由は、加熱殺菌されているために香りが飛んでしまい、トップノートが消えているからです。裏面表記にニンニクとトマトとタイムを使っていたら、これらを炒めてパスタソースに絡めると急においしくなります。何か足りないときはこのようにトップノートの香りがあるかないかをまず疑ってみてください。

今回はトマトを炒める時に、塩のほか赤ワインビネガーを少しだけ入れます。トマトと酢の酸味は種類が違うため、酸味の奥行きが出ます。トマトの青っぽい香りが消えない程度、具材の形が崩れないように炒めてください。

ソースが仕上がったらオーブンからハンバーグを取り出して盛り付けます。ゼロからソースも作った、本格的なハンバーグのできあがりです。

読者特典のご案内

本書をお読みいただきありがとうございます。
10章でご紹介したハンバーグのレシピや、
シェフクリエイトの講師による動画レッスンなどをご用意しております。
こちらのページからご利用いただけますので、ぜひご活用ください。

https://school.orangepage.net/lessons/16612/

※ 2025年2月1日からご利用いただけます。
※ご利用期間は2026年1月31日までの予定。予告なく終了する場合もございます。

シェフクリエイト
プロフェッショナルの視点から料理を科学的に紐解く、料理教育のエキスパート集団。単なるレシピの伝達にとどまらず、料理の理論と実践を体系的に学べるカリキュラムを展開。「なぜおいしいのか」「どう作れば理想に近づくのか」といった視点で料理を深く探究することを重視している。
https://chefcreate.jp/

日吉 瑞己　Hiyoshi Mizuki
「好きなことを仕事にして生きる」そんな想いを胸に、30歳を過ぎてから一念発起。料理の世界に飛び込むことを決意する。「LE CAFE BERTHOLETT」「Le Cafe de Joel Robuchon」での修業を経て、シェフクリエイトを創業。

近藤 潤　Kondo Jun
エスニック料理講師。カレー専門の卸売店を運営。インド料理やタイ料理などエスニック料理を得意とする他、和食や洋食など幅広い料理スキルを持つ。とにかく料理について研究する力に長けており、料理の研究文献を多数読破。

辻岡 靖明　Tsujioka Yasuaki
フランス料理講師。華やかな非日常的な料理を得意とする。フレンチを中心とした西洋料理に傾倒し、最先端のモダンフレンチなど日々新しい料理スタイルの研究を続けている。RED U-35 2024 シルバーエッグおよび滝久雄賞受賞。

河崎 瑠里　Kawasaki Ruri
日本料理講師。家庭料理から専門料理まで幅広い知識を持ち、フレンチレストランにてオーナー兼調理師としての経験もある。現在は、懐石料理の経験を活かし、現代のための日本料理を探求している。

装丁	坂本 亜樹（デザイン室 白鳥と暮らす）
編集	奥牧 双葉、高田りぶれ、泉 勝彦（株式会社オレンジページ）
編集協力	鳥羽 充代、happywalker、mochi、ハシヅメチヒロ、清水 光恵、村元 小夜子、ゆずこ、リエ、えりママ、バンセル沙也香
写真	三矢 健登（本文 p.11, カバー右下）

料理は知識が9割

2025年2月18日　第1刷発行
2025年6月 9日　第4刷発行

著者　シェフクリエイト合同会社
発行所　株式会社オレンジページ
〒108-8357
東京都港区三田1-4-28 三田国際ビル
ご意見ダイヤル　03-3456-6672
書店専用ダイヤル　048-812-8755

発行人　泉 勝彦
印刷所　株式会社光邦

©2025 CHEF CREATE LLC.
Printed in Japan
ISBN978-4-86593-726-8

●定価はカバーに表示してあります。
●本書の全部または一部を無断で使用・転載・複写・複製することは、
著作権法上の例外を除き、禁じられています。
●落丁・乱丁が万が一ございましたら小社販売部（048-812-8755）にご連絡ください。
送料小社負担でお取り替えいたします。